I LIBRI DI GIORGIO BOCCA

Giorgio Bocca

IL VIAGGIATORE SPAESATO

MONDADORI

Dello stesso autore

In edizione Mondadori
Il provinciale
L'inferno
Metropolis
La repubblica di Mussolini
Il sottosopra
Storia dell'Italia partigiana
Il filo nero
Storia dell'Italia nella guerra fascista

ISBN 88-04-41602-5

I edizione settembre 1996

INDICE

IL VIAGGIATORE SPAESATO

I

PER LE MONTAGNE

Noi spaesati

Passo le giornate davanti al mio personal computer, così personale che ce ne sono al mondo centocinquanta milioni, su per giù eguali. Non si è mai parlato tanto, fra noi, di «personale» come da quando l'intolleranza per ogni diversità è la prima regola del gioco. Ci sono età in cui le rivoluzioni non sono che restaurazioni violente che sostituiscono l'ordine, l'autorità, i dogmi di prima con l'ordine, l'autorità e i dogmi di dopo, identici anche se con nomi diversi. E ci sono tempi come questo in cui rivoluzioni senza violenza cancellano l'ordine, l'autorità, i dogmi di prima senza sapere bene cosa mettere al loro posto, anche se si sa che ne seguiranno grandi mutamenti.

Ci rendiamo conto che sta nascendo una nuova era non tanto dal poco o pochissimo che ne prevediamo ma dal modo brutale e rapido con cui viene cancellato tutto ciò in cui avevamo creduto per millenni. Gli uomini vivono più a lungo e godono in genere di buona salute, ma la cultura è ammalata e non c'è benessere o tecnica che possano nasconderlo:

produrre un nuovo ordine è molto più difficile che distruggere il vecchio, eppure nessuno di noi si sente responsabile. Forse è per questo che i rivoluzionari temono che una rivoluzione possa scoppiare da un momento all'altro e i controrivoluzionari che arrivi una restaurazione che non si aspettano. Ci sono tempi in cui un popolo, un paese diventa tutt'uno con la storia, le rivoluzioni, le guerre, le nuove frontiere, le grandi speranze, i grandi rischi, ciò che può cambiare nel giro di poche ore la sua sorte, e ci sono tempi come il nostro in cui l'ignoto incombe, ma in cui i giorni si susseguono eguali e insignificanti fra vaghe paure e vago benessere.

Vecchi o giovani siamo spaesati proprio mentre il nostro popolo, il nostro paese stanno cambiando più che nei cinquemila anni precedenti: i nostri bambini, questo almeno lo abbiamo notato, non giocano più con le mani ma con le immagini, non fabbricano più il loro mondo ma lo guardano. Ci muoviamo troppo e troppo velocemente. Madame de Sévigné impiegava trenta giorni per andare dalla Bretagna alla sua vacanza in Provenza, gli inglesi del *grand tour* un anno per scendere dal Moncenisio a Palermo. Noi siamo in perenne, giornaliero mutamento di luoghi, altitudini, temperature, fusi orari, cibi, primizie, pillole miracolose, sempre più distanti dalle altre creature della terra. Le avviciniamo ogni tanto in rapidi incontri, ma non ritroviamo l'insieme, abbiamo perso l'innocenza della creazione, padroni ma soli.

Da giovani il sangue è caldo e c'è il mondo da scoprire, il senso dell'ignoto, del mistero può stare sopra un tetto che taglia l'azzurro del cielo o dietro un muro coperto di edera. Ma il diluvio delle immagini, le mutazioni striscianti, la mancanza di punti di riferimento spaesano anche i giovani, noi e loro come centauri, per metà ancora uomini della terra, per metà macchine che calcolano, pensano, prevedono, per metà ancora animali da tana e per metà fuggiaschi inseguiti dal nulla. Più fuggiamo dalle nostre case e andiamo attorno «seguendo senza ardore a stolte cose» e più sentiamo il bisogno della tana, in automobile, in barca, in aeroplano, qualcosa in cui ci si possa rinchiudere mentre si va a folle corsa, sottili lamine di metallo o di plastica a proteggerci dal mondo. Ci sono vecchi che recitano la loro età, si vestono da vecchi, si appoggiano a un bastone, si fanno sorreggere, cedere il passo, ma la saggezza della *senectus* non serve più a nessuno come a poco serve la baldanza giovanile. La rivoluzione non violenta ha cancellato la memoria dei vecchi, la loro saggezza, e la baldanza dei giovani mette quasi compassione nel mutamento strisciante e incontenibile. A volte ci pare di entrare nell'avvenire indietreggiando.

Ho scritto da qualche parte che vorrei trovare un lago fermo, un cielo fermo, una montagna ferma, ma mentire a se stessi è inutile, quella immobilità è la morte, dopo pochi giorni la solitudine, il silenzio, il riposo diventano una tortura, devi rincorrere quelli che stanno correndo non si sa dove, ignorando la tua esistenza, ma se non stai nel gruppo sei finito. Sì, a volte entriamo nell'avvenire indietreggiando: quegli astronauti che escono per una passeggiata spaziale con i loro scafandri, che nuotano nel vuoto fuori dalla gravità, legati all'astronave da tubi che sembrano cordoni ombelicali, non si capisce se creature dell'avvenire o feti del passato che nuotano nel liquido del ventre materno. Più i nostri potentissimi telescopi messi in orbita satellitare scoprono altri astri, accendono altri mondi e più ci sentiamo miseri nell'universo, sul nostro granello di sabbia. Ma *podi minga lamentaas*, come diceva quel catatonico a chi gli chiedeva notizie della sua salute. Abbiamo conosciuto di peggio anche in un recente passato, e altri uomini, in altri paesi, stanno conoscendo di peggio. E ci sono ancora bambini che nascono, giovani e vecchi che si amano e tanti spaesati che non rinunciano all'idea che questo mondo possa essere abitato da esseri ragionevoli, anche se di solito più noiosi dei matti.

Separati in terra

Non ho capito subito. Aprivo la porta che dà sul prato della nostra casa di montagna e partiva come una freccia, un lampo scuro, diritto all'albero più vicino. Un'uccellina, forse una cincia, piccola e fulminea. Poi ho visto il nido sulla corona di vimine che sta sopra la porta. Sono salito su una sedia ed erano lì con i becchi aperti, quattro becchi aperti che aspettavano il cibo. Sulla porta di casa, come in segno di fiducia. Per fortuna avevo lasciato i gatti a Milano: i loro occhi gialli, il balzo, la strage degli innocenti.

Mi sedevo nel prato e la riconoscevo fra gli altri uccelli, merli, tordi, pettirossi, perché il volo degli altri era senza meta, frulli d'ali di ramo in ramo, per la gioia di volare nell'aria tiepida, sopra i calabroni ubriachi di lavanda che ondeggiavano, a mezz'aria, incapaci di posarsi sulle spighe azzurre. Il suo era di attesa, si spostava da un albero all'altro avendo sempre di mira il nido, a volte per ingannarmi partiva diritta, per scomparire, ma d'improvviso girava, come attorno a una colonna d'aria, e tornava al punto di partenza, davanti al nido. Vieni, non temere, hai scelto tu la mia casa, la tua casa. Perché potesse nutrire i piccoli rientravo, ma dovevo stare attento a non far vedere neppure la mia ombra dietro la finestra. Un giorno, per capire se erano ancora lì ho alzato un braccio per toccare il nido, la corona di vimine si è inclinata, le quattro teste degli uccellini si sono piegate sul baratro, sono riuscito a rimetterla a posto, con terrore, sapevo che se il nido cade la madre lascia morire i piccoli. Se ne andarono una notte, tutti assieme, a un tacito assenso della natura, pronti al volo nella stessa notte.

Anche dagli animali possiamo capire quanto siamo spaesati. Sono ancora lì, piccoli e grandi, di stalla, d'aia, di bosco, di prateria, di pietraia, di mare, di fiume, dell'aria, ma fra noi è calata la separazione. Per millenni hanno convissuto con noi sulla madre terra, ci eravamo inventati dei linguaggi per comunicare. Essi ci hanno amato o odiato come esseri capricciosi, portatori di morte, e ora stanno con noi in questa incomprensibile separazione: non sono più i nostri compagni di lavoro e di svago. E in questa separazione noi abbiamo scoperto la nostra bruttezza, la nostra goffaggine, soli, incapaci di ricostruire un'arca, di capire quel che ci dicono. Li incontriamo ma non siamo più conviventi, a volte sono apparizioni rapide, quasi dei miraggi, che scompaiono nel nulla. Un mattino sulla costa alta dell'Entrelor, da un vallone sbucò, con un rombo di tuono, la carica degli stambecchi, forse trecento, un nastro fulvo e sinuoso, un'onda rilucente per i prati riarsi in un rimbombar di zoccoli, in uno splendere di corna, noi ammutoliti come fossero suonate le trombe del giudizio, come se la terra fosse stata tolta agli uomini e restituita agli animali. In coda correvano i piccoli che stentavano a seguire, ma gli anziani li riportavano sotto. Poi il branco si infilò in un vallone, scomparve, come ingoiato dalla terra, ed era silenzio, udivo solo un'ape ronzarmi all'orecchio. Ci parlano ancora gli animali, ma fra noi è calata come una lastra di vetro che non lascia passare i messaggi.

Seduto nel prato della sua casa di montagna l'uomo spaesato legge vecchie carte valdostane che narrano del «grande ritorno», dei tempi in cui animali, alberi e uomini si parlavano, si avvisavano dei *tremblements de terre*, delle valanghe, delle piogge in arrivo: quando le stelle sembrano più grandi, quando i passeri cinguettano prima che sorga il sole, quando le nuvole sono come batuffoli di lana e le piccole che passano davanti al sole diventano rosse o gialle, ma se vengono da mezzogiorno cambiano improvvisamente direzione. Sta per piovere se il gatto si passa più volte la zampa sopra la testa, se le cornacchie la mettono sotto l'ala, se i ranocchi fanno fracasso, se il maiale grugnisce, se le vacche si leccano il muso e i piedi, se si coricano sul fianco destro, se il gallo canta fra le dieci e le undici del mattino, se i vermi escono dal fango, se le rondini volano rasoterra, se le formiche lavorano con più impegno, se i ragni precipitano dalle loro tele. Quante cose dimenticate, quanti avvisi lasciati cadere: il colore e la forma delle nuvole, il muoversi del fumo dal comignolo, gli odori nell'aria, le fasi della luna, semine fortunate con quella crescente, tagli di capelli per una lenta ricrescita sotto quella calante, influssi e contrapposizioni degli astri, indovini e guaritori, cabala, superstizioni, leggende, amuleti, grani del rosario, proverbi, numeri infausti, numeri bene auguranti, il reticolo in cui siamo vissuti per millenni che ora andiamo sostituendo con altri reticoli, informatici, statistici, simbolici, i reticoli dei luoghi comuni, delle abitudini, senza i quali non sopporteremmo le angosce dell'esistenza.

Spaesati fra quello che scompare e quello che sta confusamente arrivando. Certe sere con il dottor Formento, che è stato per decenni il medico condotto di Morgex nella Valdigne, ci mettiamo a contare le cose che c'erano quando eravamo ragazzi e che ora non ci sono più: i gamberi di fiume, i ranocchi nell'acqua ferma del *marais*, le lucciole, i grilli, i fuochi fatui nel cimitero, le stie dei polli e dei conigli sui ballatoi di ringhiera, i mulini ad acqua, gli spartineve tirati dai cavalli, le file di muli che salivano ai valichi, lo champagne leggero e fresco come rugiada dell'abate Bougeat che morì nel suo letto mentre leggeva, portando con sé il segreto di quel vino dei più alti vigneti d'Europa che negli anni freddi non raggiunge i dieci gradi, i bambini che andavano per funghi, e li chiamavano la carne di poveri, quelli che raccoglievano le mele e le ciliegie sulla collina di La Salle, ma ora ci pensano gli uccelli del cielo, neanche più le castagne raccogliamo e il castagnaccio lo troviamo solo in qualche ristorante di lusso, come una rarità. Adesso è il tempo degli uccelli per la grande pattumiera, i gabbiani risalgono la Valle d'Aosta e migliaia di corvi oscurano il cielo, disciplinati e minacciosi, fanno ordine chiuso sulle nostre teste, sulle nostre case, sincroni nel volteggiare e nell'atterrare, di colpo il verde di un prato si fa nero, stanno lì con il becco tagliente e ci guardano, attendono l'ora di farci a pezzi. Una coltre di nebbia giallina segue le strade che ormai occupano quasi tutto il fondovalle, segue i fumi scaricati dai camion giganti, arriva fino a milletrecento metri. I camion giganti sono guidati da bevitori di birra, uno alla curva Equiliva guardava una cascata ed è finito nella Dora con il suo mostro, uno scozzese di vent'anni morto per guardare una cascata della Valle d'Aosta che non è neppure permanente, c'è solo quando si sciolgono le nevi. Non rallentano i bevitori di birra, vi vengono addosso con le loro case rotolanti, già vi sovrastano con i loro fiati roventi.

Anche le aquile hanno smesso di ruotare altissime sopra il col Liconi con quei loro occhi che distinguono il puntino nero di un uomo o di un animale tremila metri sotto. L'ultima l'ho vista qualche anno fa, vicino alla Testa dei fra'. Salivo per la cresta tagliente che va a cima Serena, scalini di pietre vacillanti, rugginose, alte sulle conche di Planaval e del Vertosan, con le loro malghe. E a pochi passi dalla Testa vidi accovacciata fra i pietroni una cosa nera, confusa con la roccia ma viva. I malgari Platt e Tampan me lo avevano detto che il nido era lì, ma non ci avevo creduto. La cosa nera e viva si staccò dal nido a fatica, affondando nei primi metri sotto il suo peso, le grandi ali battevano l'aria per sollevarla, poi cominciò a planare in larga ruota e capii che mi veniva addosso, mi incastrai fra i pietroni rugginosi, passò tre metri sopra di me con un fragore di metallo, poi virò verso il Vertosan e in breve fu un punto nero che appariva e spariva nel riverbero dei ghiacciai del Grand Combin.

Dai giornali illustrati sono scomparsi i disegni dell'aquila che si porta via il pastorello, favola di altri tempi, di quando si parlava ancora con gli animali e si raccoglievano gli avvisi di pioggia imminente: se i pesci saltellano sull'acqua degli stagni, se i cardi appesi alle pareti si contraggono, se le mosche si fanno più fastidiose, e le tappezzerie di carta si staccano, se la fuliggine cade dal camino. Non sappiamo più quando sta per piovere e forse non ce ne importa, abbiamo sempre un telo, una cerata, un ombrello, un'automobile per ripararci da quella cosa che non è più pioggia, ma una fuliggine sciolta nell'acqua, sporcizia che viene giù e lascia i segni sulle case e sulle strade, non come la pioggia antica da cui la terra usciva pulita con qualche tenue vapore. Era una cincia o una passera l'uccellina del nido? Chi lo sa, per sapere come si chiamano gli uccelli o le piante consultiamo i libri illustrati, qualcuno forse lo domanda a Internet. Le mani dei piccoli e dei grandi non sanno più lavorare, non si vede più nessuno sulla strada capace di aggiustare un'automobile, arriva il carro attrezzi e via. L'uomo resta l'animale più adattabile del creato, se la caverà egregiamente anche questa volta, ma sembra un po' frastornato. Anni fa la vita era un mare sconosciuto, come oggi, in cui bisognava comunque tuffarsi, ma tutti sapevano rifugiarsi nel reticolo dei luoghi comuni e delle abitudini. Ora te le tagliano sotto i piedi, un mattone di plastica, una macchina, un tipo di occhiali a cui sei abituato scompaiono improvvisamente dalla produzione e non li trovi più perché sono scomparsi anche i rigattieri. Giovani e vecchi sono sempre fatti della micidiale pasta dell'uomo e come sempre una generazione attende con impazienza che la più anziana si tolga di mezzo. Su questo non si può sbagliare, i giovani non si sentono debitori di alcunché verso gli anziani, neppure di quanto hanno fatto e patito perché fossero liberi, e gli anziani hanno sempre scambiato la loro giovinezza per un mondo migliore popolato da uomini migliori. Da giovani e da vecchi si recita una parte e magari non la si sceglie, la scelgono gli altri e ce la si deve portare addosso. Io passo per un duro, la gente dice ancora di me: «Lui è una roccia», e io mi sento fragile come un vetro appena soffiato. Devo ammettere che la recita a volte diventa una cosa reale, di fronte alla paura ho recitato l'uomo forte e alla fine lo ero, nella guerra partigiana comandavo dei giovani che mi credevano forte, e non vedevano la mia paura. Sono l'amor proprio e il timore del disprezzo a fare di un debole un uomo forte, di coraggio, ma alla fine che differenza fa se si comporta da coraggioso?

I coscritti immaginari

Non c'è più esercito, la patria è da reinventare, ma nella Valdigne ci sono ancora i coscritti, la loro festa rimbomba da Cheverel a Planaval, file di automobili rilucenti nel plenilunio. Per la classe di ferro 1977, hip hip hip hurrà! Mio Dio si ricomincia, un'altra ondata di gioventù che deve scoprire il mondo e immaginare una patria fatta di cose comuni, ma ancor più di cose dimenticate. Le due figlie dell'ostessa di Cheverel, che l'anno scorso erano ragazzine timide, padroneggiano la baraonda, vanno per i tavoli con le bottiglie di Petit Rouge. La madre in cucina sparge fontina fusa sulla pasta, sulle carni, sulle verdure, pareggia i sapori in quella colata morbida che sa di erbe, di burro, di stalla. Forse basta un formaggio per fare una piccola patria. Ora, in ottobre, le strade della collina, che qui sta per montagna senza rocce, sono nere di concime, aprono i depositi alti e vien giù per la rete dei fossi, straripa nei prati e nelle strade. Le vespe che sentono il gelo vicino impazziscono nei suoi acri vapori. Dalle cucine di Cheverel e di Planaval una coltre di odori forti e dolci si spande sui coscritti di un esercito che non c'è più, di una patria da reinventare, in cui la differenza fra italiani, valdostani e savoiardi c'era e non c'era come nel diario di don Joseph Bernard Gerbollaz, curato della Valgrisenche: «Prima del 1860 di qua e di là del Col du Mont, eravamo tutti la stessa cosa, i savoiardi un po' meno poveri di noi. Adesso carabinieri e doganieri dormono lassù, nelle baracche del Col du Mont, per arrestare le spie francesi che potrebbero venire a spiare le baracche degli italiani». Pare che neppure gli antichi romani avessero capito bene questa piccola patria che «neque est in Gallia, neque in Italia». Nel diario del curato, anno 1896, si legge:

«Dopo il mese di febbraio fino a aprile c'è stata la guerra degli italiani contro i negri di Abissinia. È stata disastrosa per gli italiani. Ciononostante i soldati sono arrivati in Valgrisenche come gli altri anni, una compagnia alpina ha occupato le caserme del capoluogo».

Tante patrie a cerchio attorno al pilone del monte Bianco. Di una, la patria harpitana, abbiamo avuto notizia di recente, quando sui roccioni dominanti la strada per Courmayeur sono apparse delle grandi H in vernice bianca, e vedendole abbiamo pensato a questi che la notte partono con i loro secchi di vernice e i pennelli. L'identità sembra evidente nel *patois*, nel sangue, ma cos'è una piccola patria? A quale patria credere? Alla salassa di qua e di là del Piccolo San Bernardo? Alla sabauda con le torri di segnalazione che trasmettevano i messaggi fra Chambéry e Torino? All'italiana del glorioso battaglione alpino «ca cousta l'on ca cousta viva l'Austa»? Chi sa dove sta in questa notte di ottobre la mulattiera che sale al colle Battaglione Aosta fatta dai coscritti di settant'anni fa?

C'è stato un andirivieni di patrie, di bandiere e di uniformi. La francese passava e ripassava le Alpi al seguito dei suoi sovrani e nel 1800 ritornava in forze al Gran San Bernardo al seguito del corso Buonaparte francesizzato in Bonaparte, i cui eredi oggi si battono per la piccola patria corsa, nel gioco senza fine delle patrie. Guida l'avanguardia il generale Lannes, l'artiglieria segue, i fusti dei cannoni nei trogoli scavati nei tronchi di abete, trascinati sulla neve assieme alle lettighe, le bardature, gli slittoni. La patria francese requisisce e depreda, trentasei comuni devono fornire ventimila razioni di pane e di vino, quattordicimila di carne e di sale. Gignod si rifiuta, viene occupata e condannata a pagare il doppio. Napoleone passa il Gran San Bernardo e dorme a Etroubles nella casa dei Veysendaz. Una delegazione di valligiani lo aspetta davanti alla porta, gli rivolge una supplica in *patois*. Lui si fa tradurre, poi monta a cavallo e se ne va. I contadini della valle ci metteranno due anni a riprendersi dalla grande rapina. Ad Aosta una compagnia di granatieri si è sistemata in Sant'Orso, i canonici hanno steso un drappo amaranto davanti all'altare e al coro. I soldati sono giovani e allegri, ignari dei prevedibili prossimi massacri, fanno *chicchirichì* alle signore valdostane che portano cappellini a cresta. La patria francese ha fretta di arrivare a Marengo, ma lascia ad Aosta un distretto per arruolare i coscritti con la coccarda tricolore, per insegnare loro a cantare: «Notre patrie est belle et nous l'aimons de tout notre cœur / nous combattons pour elle fidèlement sur le champ de l'honneur».

Nel gioco delle patrie che si succedono e che si nascondono l'una all'altra, la storia dei coscritti classe 1788, arrivati con Napoleone fino a Mosca e alla Beresina, è quasi ignota, i reduci stracciati e feriti erano appena tornati alle loro case e già il re di Sardegna ritornato nei suoi domini – ma che voglia di mare e di isole aveva la dinastia montanara! – fissava la data della ricomposizione dell'esercito, i generali tracciavano, con il bastone del comando sulla neve di Susa, Pinerolo, Ivrea, i quadrati degli accampamenti. Nelle vecchie carte valdostane si legge con sgomento la storia del maggiore Pierre-Christophe Christille d'Issime che, nell'esercito francese, come sergente si era preso un colpo di sciabola dagli austriaci a Wagram, come tenente una pallottola russa di striscio a Vitebsk, sempre alla testa di un battaglione a cavallo della vecchia guardia, a Champaubert, dove aveva catturato il generale in capo dello zar Olsoufev, era stato ricompensato sul campo con la *Légion d'honneur* e quaranta napoleoni d'oro, poi come capitano era arrivato fino a Waterloo. E nel 1815, udite, coscritti, udite, si ritrova soldato semplice del re sabaudo, deve ricominciare dal «brusca e striglia» nelle caserme di Pinerolo, sesto squadrone dei dragoni reali di Savoia, ricominciare la carriera fino a maggiore per «segnalati servizi», per concludere con la magra ma onorata pensione in quel di Pont-St-Martin. Quale patria? Quella difesa al Col du Mont nel 1789 dai coscritti del capitano Jean-François Chamonin «à la tête de toutes les bonnes œuvres» contro i giacobini francesi nemici della religione? O l'altra, assai incerta, di quando il re Vittorio Emanuele II stava creando una nuova patria e passava per l'ultima volta in rivista le truppe con le lacrime agli occhi dopo aver deciso con un tratto di penna che la Savoia non faceva più parte della sua patria, per compiacere un altro Napoleone. E molti dei coscritti di allora scelsero secondo opportunità, i contadini della Moriana e della Tarantasia per la Francia seguendo il corso dell'Isère, i signori ufficiali per l'Italia seguendo il corso della Dora.

L'identità dei coscritti della Valdigne in festa a Cheverel e a Planaval sembra evidente. Sono biondi o rossi, con qualcosa di caprigno nei volti, parlano il *patois*, si sentono diversi dagli italiani perché anche agli italiani arrivati in valle con le migrazioni interne, prima la veneta, poi la calabrese, pare di non essere più italiani. È difficile vivere senza sentirsi diversi da qualcuno, migliori di qualcuno per grazia della storia, specie di questi tempi in cui non si sa bene chi siano ancora gli italiani sopra o sotto il Po, sopra o sotto gli Appennini, nel continente o nelle isole. Ai tempi della regina Margherita, il poeta Carducci stava conversando con il sindaco di Courmayeur, quando fece irruzione nella stanza il Grand Gorret, il prete alpinista, che posò la sua manona sulla spalla del poeta piccolo e un po' rachitico, e: «Di' tu, Carducci, tu che dai del cretino ai valdostani, ti sei mai guardato allo specchio?». Già, quali patrie ci sarebbero se gli uomini si guardassero allo specchio? I coscritti senza esercito sono un po' figli di nessuno. Quelli che abbiamo mandato nel Mozambico, in Somalia e ora in Bosnia sembrano bambini lontani da casa. «Come vi trovate qui?» chiedono i cronisti. «Male» dicono «qui c'è gente cattiva che fa paura.» «Ma non lo sapevate? Non avete letto i giornali?» «Sì, ma una cosa è leggere, un'altra stare qui dove ti sparano addosso.» «Che cosa desiderate?» «Tornare a casa.» I coscritti senza esercito sono quasi tutti meridionali, volontari, «firmaioli», si diceva, nullatenenti e disoccupati, come quelli che andavano nella Milizia durante il fascismo che dava del pane e un letto a settecentomila poveracci. Appena arrivati in Bosnia si sono feriti maneggiando fucili e bombe a mano, ma i cronisti della televisione hanno imparato a riprendere le finte irruzioni, i finti rastrellamenti, tutti che strisciano, balzano, spalancano porte, mettono a mani alzate un nemico immaginario. E, se ci scappa il morto, con il morto vero si va avanti per una settimana mostrando le fotografie di famiglia, la visita dei generali ai parenti. La morte di un soldato, cosa normale degli eserciti veri, è diventata una tragedia nazionale, quasi un'ingiustizia: che senso ha morire in guerre che non sono guerre, per un esercito che non è un esercito? Una pena strisciante, quasi una vergogna, qualcosa che sta in piedi solo per ragioni politiche o burocratiche. Un esercito simbolico come le guardie svizzere in Vaticano, come i corazzieri al Quirinale.

In cerca di sigarette saliamo a Planaval al ristorante del vecchio Platt. Ci trova un tavolo, si china verso di me e dice: «Tutte le volte che la vedo salire in sci verso il col Serena non sto tranquillo fin che non torna. È posto di valanghe, lei lo sa». Ma le valanghe sono come le disgrazie e le grandi malattie: fin che non ti arrivano addosso pensi che riguardino gli altri, non te. I coscritti hanno riempito le due sale e il frastuono è assordante. Riconosco al bar la ragazza di un coscritto di Morgex, arrivata da pochi mesi da Mostar. Non ha ancora imparato l'italiano, ma si è rimessa in carne, sotto il maglione grigio ha due seni larghi e bassi, da fattrice, sta mangiando un piatto di *sosa*, verze, salsiccia di maiale e spezzatino, e beve birra alla bottiglia. E forse anche i coscritti non festeggiano un esercito che non c'è, ma l'abbondanza tornata dopo secoli di povertà. Ho passato dei mesi ad Aosta nell'immediato dopoguerra come corrispondente di un giornale torinese. Delitti e tragedie ce ne sono anche oggi, ma quelli di allora avevano l'orrore della povertà, teste sanguinanti vicino al piatto della polenta fredda, vino acido nei bicchieri del parricidio, degli incesti, cadaveri galleggianti nei bacini delle centrali. Qui a Morgex scendevano dai villaggi alti per suicidarsi nella Dora. Miseria nera e fame per cui ancora mi fa rabbrividire la lode della povertà delle vecchie caste valdostane. «Je suis valdôtain et j'aime fortement la pomme de terre.» Ora i ragazzi di pelo biondo e rosso con gli occhi celesti mangiano tre volte al giorno e sono qui a tirar mattina nelle osterie sulla collina di La Salle, da cui pieni di cibo e di vino e della grappa Lillo «che sa di mirtillo» scenderanno a corsa folle per la strada tortuosa. Giù ci sono i luoghi designati al suicidio per schianto, altissimi pioppi ai bordi della strada fra Thovez e Morgex, l'ultimo a schiantarsi è stato il figlio del capomastro che ci ha fatto la casa. Diciotto anni per farlo crescere come unica cosa importante della vita, e ora un segno dello schianto sulla corteccia di un pioppo, a cui per qualche mese hanno portato dei fiori. Muoiono qui e alla curva Equiliva, che noi chiamiamo la curva Mila perché lì uscì di strada il noto critico musicale. Ci fu un tempo in cui anch'io conoscevo alberi e parapetti, proprio sul guardrail della Equiliva lasciai con una Delta una striscia rossa. «Ecco la tua Sindone» diceva mia moglie. C'era un impiegato della FIAT Ricambi che si preoccupava quando stavo qualche mese senza farmi vivo. «Dottore» diceva «è un po' di tempo che non la sentiamo.» Alla festa dei coscritti ho riconosciuto anche macellai, elettricisti, farmacisti, perché le feste valdostane e italiane sono aperte a tutti e continuano anche quando è finita la ragione del festeggiare, sia per un esercito sia per il Partito comunista. Sono stato all'ultima Festa dell'Unità a Reggio Emilia. Avevano innalzato delle grandi tende bianche, come lo scià di Persia per il terzo o quarto millenario del suo impero. Un tale mi abbracciò, era, mi disse, il partigiano Tobia, cinquant'anni dopo. Dirigeva la festa Maurizio Costanzo, quello della televisione, che per il segretario del partito non più comunista, un po' comunista, è il massimo della comunicazione. Trasportato dal teatro Parioli sotto un tendone della festa, Costanzo ripeteva il suo spettacolo, era spiritoso, toccava i tasti dell'applauso con le dita morbide e adusate. Un partito rivoluzionario che non ha più catene da strappare, ma benessere da difendere, è un misto di facce proletarie e di risate borghesi, di ben nutriti, ma sopravvissuti. A volte sentendo parlare il suo segretario vien voglia di dire: se dobbiamo approdare alla sponda moderata non si disturbi, ci andiamo da soli. A mezzanotte, quando D'Alema finì di compiacersi della sua oratoria rotonda e dei suoi sguardi malandrini, ci affrettammo verso il ristorante e il tavolo riservato ai dirigenti e ai giornalisti. I compagni camerieri ci volteggiavano attorno, porgendo le carte dei cibi e dei vini, e noi davamo ordini festosi di tortellini, stufati, ma non arrivava niente, il segretario della federazione bloccava con uno sguardo i compagni camerieri, si aggirava fra noi, salutava, rideva, molto cortese, ma non arrivava niente, dovevamo aspettare il vescovo rosso. Il quale finalmente arrivò, accompagnato da un codazzo di gente commossa, ma non era finita, fu richiamato a gran voce alle transenne dai compagni di Forlì, poi dovette andare nelle cucine per premiare con la sua presenza e il sorriso malandrino i compagni cuochi, le compagne cameriere. Mi sono sempre domandato, senza trovare una risposta, perché i comunisti italiani siano trasportati da amorosi e incontenibili sensi verso segretari piuttosto scostanti come Palmiro Togliatti e l'odierno Massimo D'Alema che ha l'aria di uno vissuto alla larga da proletari espansivi. Finalmente venne a sedersi al nostro tavolo. Era sfinito e si capiva che la nostra compagnia di giornalisti gli era francamente antipatica, come poi ebbe a dichiarare in diverse occasioni. Visibilmente afflitto dalle compagne cameriere che continuavano a riempirgli il piatto di tortelli, tortelloni, unti di béchamel rosa, torte d'erba, torte della nonna. E, vedendolo così pallido e indifeso dall'amore gastronomico dei compagni, mia moglie si impietosì e, sapendo della sua passione per la vela, andò in suo soccorso dicendogli: «Lo sa che mio figlio Davide Besana disegna su "Bolina"?». Il segretario del partito non più comunista, ancora comunista, si fermò con un raviolo a mezz'aria e quasi gli uscì un grido: «Ma è il mio disegnatore preferito». Il segretario federale di Reggio lo guardava ammutolito, le compagne cameriere guardavano la madre del disegnatore di barche a vela che piace al segretario, fu come se si fosse alzato un velo sugli svaghi mondani del vescovo. La cosa si riseppe nella direzione di via Botteghe oscure, il compagno Mussi del comitato centrale, livornese, ha scritto a Davide: «Mi piacerebbe incontrarla».

«A volte» dice Savinio «ci coglie la tristezza per la scomparsa dei draghi e dei giganti.» Fino a due secoli fa i draghi di montagna erano più numerosi degli alpinisti, il medico e naturalista di Zurigo Jacob Scheuchzer disegnò nel Settecento una mappa dei draghi e ne aggiudicò uno anche alla nostra val Ferret, che con il corpo incrostato di diamanti faceva la guardia all'oro sepolto in un laghetto, perché i tesori da Alarico a oggi sono sempre sepolti sotto laghi o fiumi. Anche il drago della val Ferret sputava fiamme con odor di zolfo. Lo storico Simon Schama si è chiesto per quali misteriose ragioni i draghi europei siano terrificanti, mentre quelli cinesi sono i custodi del cielo e della fecondità delle risaie. Qualcosa di simile a un drago europeo è l'abominevole uomo delle nevi che si aggira nelle valli himalaiane. Una sera era ospite in una casa milanese Reinhold Messner, il famoso alpinista, parlò dei suoi otto ottomila con o senza bombola d'ossigeno, ci mostrò una quantità di diapositive, ma le signore aspettavano altro, come si accese la luce, sovrapponendo le voci, gli chiedevano notizia dell'abominevole uomo delle nevi: «Lo ha visto? Lo ha sentito?». Messner non voleva rispondere, forse non lo aveva mai visto, forse non voleva violare il timor sacro che lo circonda, ma quelle insistevano. E lui: «Una sera esco dalla tenda e nella penombra vedo una cosa scura che si nasconde dietro una roccia. Poi un sibilo, un sibilo». «Che sibilo?» domandavano le signore. «Un sibilo lungo che si allontanava» diceva Messner. In quella arrivò il cameriere con cibi e bevande.

Dovevano essere numerosi i draghi in queste parti valdostane, se ne vedono scolpiti nella pietra e nel legno delle chiese e nel chiostro di Sant'Orso ad Aosta: teste aguzze, lingue a dardo, ali azzurre, spine e scaglie sul dorso, coda puntuta, zampe d'aquila o di leone. Tutt'altra cosa i diavoli di pelo rossiccio come spesso i balordi della valle, diavoli alla buona, beffardi, triviali, complici dei poveracci nello scombinare le regole dei potenti, conviviali anche se a volte cannibaleschi. Nelle vecchie carte valdostane c'è la cronaca precisa, particolareggiata, con tanto di nomi, cognomi e paesi di origine di una tournée diabolica: Antoinette Prariond, sposata a Jean de Clapey, domiciliata a La Thuile, stanca di tagliare erba e di mungere, decide di accettare l'invito del diavolo e viene subito trasportata in volo a Gressoney, dove la aspettano i tre fratelli Grosjean di St-Marcel cui si aggiunge l'uomo di Nus, di professione ignota, ma vero *deus ex machina* della vicenda. «Da Gressoney» si legge nelle carte settecentesche «andarono a Cogne dove l'uomo di Nus prese una bambina, la fece a pezzi e la cucinò con erbe profumate. E se la mangiarono. Da Cogne scesero a Sarre nella casa di Urbano Nervi, ma non trovarono nessun fanciullo da sgozzare, così si accontentarono di bere e mangiare all'ordinaria. A Sarre si unì alla compagnia un vecchio di nome Tampan. Poi risalirono a La Thuile dove l'uomo di Nus portò via un bambino dalla casa di Françoise Gerbollier che si era dimenticata di mettere nella sua camera la candela benedetta. Lo bollirono e lo mangiarono in fretta, giù, a Pré-St-Didier. Poi andarono da Antoine Jacquemet di Lillaz, sgozzarono un fanciullo e Jacquemet fece con il sangue dei *beignets*. Poi bruciarono le ossa e le interiora e fecero un filtro per i malefici. Da Lillaz se ne andarono in val Soana, ma lì tutti avevano oggetti benedetti nelle case, candele, immagini, statuette. Allora l'uomo di Nus disse che il patto con il diavolo era finito e la compagnia si sciolse.»

Il buon gusto della carne degli adolescenti torna in alcune filastrocche: «Coucou, ma mère m'a tué, coucou, mon père m'a mangé». La gaia storia dell'uomo di Nus dev'essere la versione diabolica del giro dei villaggi che avviene alle grandi feste comandate, Pasqua, Natale e Carnevale, i giovani con le maschere e le piume sul cappello, dietro quello che suona l'organetto, un bicchier di vino e un budino in ogni paese. Nelle valli non si banchettava e non ci si ubriacava nella propria casa né in un solo giorno, ma si andava girando, di osteria in osteria. Un mattino si capisce che è l'ora di partire e si parte come faceva Pierre, che viveva con la moglie Puna alla Margherita, la frazione della val Maira dove avevamo il comando partigiano. Per mesi Pierre andava a tagliar legna, a zappare l'orto, a mungere le capre, ma il mattino che gli arrivava nell'aria fina la voce del suo diavolo prendeva cappello, bastone e tascapane e partiva, sentivamo il suo canto allontanarsi giù per il vallone della Rua del Pra, poi a Puna arrivavano notizie dalle osterie di Stroppo, San Damiano, Cartignano, Dronero, qualcuno lo aveva visto a un tavolo o camminare parlando da solo. Protetto dal suo diavolo ubriacone passava per i posti di blocco, per la guerra senza prigionieri e, dopo sette o otto giorni, ricompariva come quello di prima che tagliava legna, zappava l'orto, mungeva le capre, solo il rapido sorriso, di chi ha conosciuto il mondo. Nell'alta Valle d'Aosta scendevano al lago di Viverone, luogo di delizie e di perdizione. Si facevano, lungo la strada, tutte le osterie fino a Viverone e alle sue donne di piacere, e finiti i soldi tornavano su in corriera o in ferrovia. Gente che scende, gente che passa. Alla claustrofobia valdostana è sempre piaciuto immaginare che qui siano sfilati un po' tutti quelli della *via crucis*, san Pietro sulla via delle Gallie e nella cappella sotterranea in cui si fermò a pregare, e il povero Ponzio Pilato diretto a un'oscura luogotenenza in Borgogna, febbricitante, coperto da gelido sudore in una casa di Avise, per punizione.

La valle è piena di letti in cui hanno dormito i re di Francia e di Spagna, di cortili in cui in loro onore si sono affrontati giganti locali e stranieri, di cortei di giovani principesse in marcia verso matrimoni regali. Ma il vero uomo-diavolo che ancora si aggira nella valle del Buthier è l'eresiarca Calvino che, come gli altri, qui non c'è mai stato. Allora la religione, però, partoriva fantasmi più vivi dei vivi, si incarnava in essi. Nel 1536 Calvino aveva altro da fare che predicare in Valle d'Aosta, doveva governare Ginevra e viaggiare a Strasburgo e a Ferrara. Lo ammette anche il massimo storico locale Jean-Baptiste de Tillier: «Tutto ciò che si è detto di Calvino è fondato sulla tradizione senza alcuna prova autentica che ne faccia fede». Ma Calvino, in Valle d'Aosta, c'è stato, si tratta solo di scegliere fra due versioni, una come una storia di cappa e spada, l'altra come un giudizio di Dio. Se stiamo alla prima, Calvino che è già fra i potenti d'Europa si è avvicinato furtivo alle mura di Aosta, trovando alloggio nella casa di un nobile, insofferente come altri del duca di Savoia e del suo balivo. L'eretica presenza è avvertita, il *grand conseil des commis* presieduto dal balivo René de Challant, maresciallo di Savoia, sul cui petto splende l'ordine mauriziano, si riunisce d'urgenza con il vescovo Gazin e «gente di chiesa e di condizione» con i loro *rabats* neri bordati di bianco. Prima della riunione è stata celebrata una messa per lo Spirito Santo e monsignor Savioz, frate cordigliere, ha predicato «la défense de notre sainte religion». La caccia all'eresiarca è aperta, Calvino lascia la città e si nasconde in una cascina di Bibian, del nobile François-Léonard Vaudan. A sera arrivano i nobili La Crate, de Champvillar, La Visier e altri, tutti elencati con precisione nelle vecchie carte secondo una concezione notarile della storia: se ci sono i nomi la storia è vera. Non c'è tempo da perdere, gli armati del balivo battono la campagna, bisogna partire all'alba, ma non per la mulattiera grande che sale al passo del Gran San Bernardo, ci sono dei contadini che scendono al mercato, potrebbero riferire. È il 5 marzo, Calvino monta a cavallo seguito da una trentina di fedeli, il gruppo attraversa il Buthier, prende il sentiero per la Valpelline: la lunga barba rossa dell'eresiarca, rossa come quella del diavolo, fiammeggia al primo sole sotto il viso pallido e il cappellaccio nero. Raggiungono l'alpe di By, proprietà del barone Vaudan, i malgari sono gente fidata, Calvino sfinito si rifocilla. È mezzogiorno quando l'eresiarca varca la Fenêtre de Durand ed è in Svizzera. Il capo delle guardie ducali De Lostan arriva a By solo il giorno dopo.

L'altra versione raccolta da don Giacinto Amati, parroco in Milano di Santa Maria dei servi, viaggiatore, è una sacra rappresentazione. Calvino sta predicando le sue infami menzogne in una piazza di Aosta quando «si alza la imperterrita voce del dotto e pietoso sacerdote Orso, il quale si avviò seguito dal popolo, come già altra volta Pietro con Simon mago. E Calvino, temendo il peggio, si abbandonò a precipitosa fuga. Si suonarono tutte le campane in segno di esultazione e, siccome erano le undici, ritenendosi da quelli che erano nelle case che fosse mezzodì, fu deciso di suonare ogni giorno un'ora avanti il mezzodì per tramandare ai posteri la memoria di essere stati gli aostani salvati dalla eresia». Adesso capita solo quando arriva l'ora legale. Chi fosse il prete Orso non si sa, certo non era il sant'Orso dell'VIII secolo.

La tecnica notarile vale per tutte le leggende e le favole. Il testimone non è mai uno sconosciuto, è sempre registrato all'anagrafe, con tanto di professione e di indirizzo. Per esempio l'avvocato Philippe Martinet, che ebbe studio al principio del secolo in via De Maistre 56, nel racconto della delicata storia della vita e della morte di Marie Berger, che venne al mondo in una frazione di La Thuile, come testimoniato dai molti che la conobbero e la piansero: «Maria aveva due graziose teste regolarmente organizzate. Esse potevano parlare, muoversi, sorridere, una indipendente dall'altra. A volte una cantava e l'altra ascoltava, a volte cantavano all'unisono. Non si sa se qualche giovane abbia toccato il suo cuore o i suoi cuori. Quando una delle teste si ammalò l'altra non volle più cantare, ma non permise che si tagliasse la testa ammalata. Furono sepolte insieme e tutti quelli di La Thuile andarono al funerale». Difficile trovare un'altra storia così commovente. Salvo forse quella dei gemelli di Tyburn. Furono impiccati assieme. Quando fu tolto loro il carro da sotto i piedi, le mani si intrecciarono. Così oscillarono fianco a fianco per più di un minuto fin quando, persa la coscienza, le mani si sciolsero lentamente.

Favole di uomini, favole di animali. Ho appreso dell'esistenza dei dahu e dei carcaplut una sera che il dottor Formento ne parlava ai suoi nipoti. I dahu sono come stambecchi, che però hanno una barba lunga e lucente, e le gambe di sinistra più corte delle altre due, perciò possono solo girare attorno alla montagna in un'unica direzione. Li hanno riconosciuti l'altra sera sul Grammont perché il corno destro è fosforescente. I carcaplut si fanno vivi a Pentecoste, nelle pinete alte di La Salle vicine al Tramail des Ors. Sono come rospi rotondi, come piccole palle gommose, vengono giù l'uno sull'altro, floc, floc, sommergono tutto come una colata dai riflessi azzurrini. Per fermarli bisognerebbe procurarsi i legami del mago Fehnir fatti di radici di betulla, barba di donna, passo di gatto, respiro di pesce, sputo di uccello.

Piccoli rumori nella neve

Non riesco più a cogliere gli avvisi della pioggia imminente che mi mandano gli animali e le piante, ma sento ancora l'arrivo della neve con la meraviglia del poeta: «l'antica neve dai vetri mi appare incredibile e nuova / come apparve ai miei meravigliati occhi di infanzia». Riesco ancora a vedere, nel grigio che si fa unito e nasconde le nuvole, quel diverso che c'è nell'aria, quell'alito freddo di uno spazio infinito, come se stesse per nevicare nell'intero universo. Ci sono molte giornate fredde e grigie, ma viene quella in cui senti che sta per nevicare. Incominciano a girare per l'aria come moscerini d'argento i primi cristalli, li vedi scendere e alzarsi sollevati da una bava di vento, uno ti punge di freddo il viso, poi arrivano, arrivano i fiocchi mulinanti. C'è una sottile eccitazione in questo fruscio che viene giù, *les neiges d'antan*, le nevicate sognate negli anni della scuola: ti svegliavi in un villaggio di montagna e la grande, interminabile, soffice nevicata aveva cancellato le strade, impossibile tornare in città.

Così sono nati i miti? Ricordando il mondo per memorie e suggestioni infantili? Quassù ritrovo i tempi del fuoco o della neve. Sopra Morgex, nella conca di Arpy c'è la miniera. La neve, lì, sembra non sciogliersi mai, la conca si affaccia al grande vuoto della valle su cui ruotano le poiane. Quando fa sera e sei solo sulla pista che va per il bosco, ti prende una quieta dolcezza. Nella neve non ci sono insidie, non vipere, non serpi, non pietre aguzze, non spine, non fango, non incessante ronzio di zanzare, non nugoli di moscerini che ti seguono, non vespe. Si scia verso casa sulle rotaie della pista, che nella luce del crepuscolo sembrano unirsi, ma la punta degli sci supera sempre quel nodo. Un percorso che conosci metro per metro, ecco, adesso siamo al pianoro della galleria della miniera, all'arco murato dell'ingresso: che anno era, il '48, quando salii a vedere l'uscita del secondo turno, la fila di uomini con la lampada sul casco, strani insetti luminescenti, che sbucavano dalle gallerie dove avevano respirato per ore polvere di carbone? Morgex era piena di ammalati ai polmoni, c'era un parrucchiere ex minatore che respirava roco, nel mio orecchio, quando si chinava per le aggiustature. Dopo la galleria cominciava la discesa ripida, vien sempre buona la vecchia raspa, i due bastoni come freno in mezzo alle gambe, e già curvi verso i grandi prati dove la neve è zucchero, arrivi sull'abbrivo alle caserme abbandonate e sopra ti sta il ghiacciaio pensile del Paramont, l'immane bugno di ghiaccio che incombe sulla valle. In questo fraterno angolo di mondo tornano emozioni ingenue, la fontana ghiacciata, le sfere d'aria tiepida ferme in un avvallamento, come una carezza, la morte qui dev'essere un desiderio di sonno come quello che prese Otzi, l'uomo del Similaun, ritrovato dopo migliaia di anni con il suo arco, la faretra, le frecce con le incisioni rotanti, le scarpe di cuoio, la giacca di pelle.

Dicono che guardare sia uno svago da vecchi. Di giorno, anche d'inverno, il sole scalda la collina di La Salle, sto seduto davanti alla porta, davanti alla neve che ha coperto lo steccato, i cespugli, e cerco con il binocolo la vita nelle montagne senza nome dove non passa mai nessuno, montagne senza un cippo, che non portano a un valico, senza una croce, pendii che scendono su conche inesplorate. Cerco, chi sa perché, la vita, come se la montagna deserta mi fosse intollerabile, vedo una macchiolina nera che sembra muoversi, un uomo? un camoscio?, ma se mi asciugo gli occhi e ci torno sopra è sempre lì, tronco d'albero, pietra che sporge dalla neve. E continuo a cercare la vita che si nasconde, fiori, insetti, animali, erbe, che usciranno dalla neve ma che nessuno incontrerà mai nelle montagne senza nome, che non esistono se non ci passa un uomo. Quando annotta, Venere brilla nel cielo e cominciano a sfrecciare come stelle volanti le luci degli aeroplani che fanno rotta sul Bianco, altissime, palpitanti, con il loro carico di esseri umani a cui è stato detto: «Fra qualche minuto inizieremo la discesa», e già pensano ai loro affari cittadini, già chiudono le carte nelle loro borse. Qui a Bellardey capisco la vicinanza degli animali al mattino dalle orme che lasciano nella neve, sul prato, fin sulla porta di casa, zoccoli di camosci, zampine unghiute di volpe o di martora. Una gatta bianca scomparve una notte vicino alla camera della caldaia, ci fu un susseguirsi di tonfi, di miagolii disperati, di fischi e rimasero solo chiazze di sangue sulla neve.

Nel bosco, quando c'è la neve, i piccoli rumori sono distinti, precisi, di un uccello che sbuca dai rami, di uno scoiattolo che squittisce e si arrampica fulmineo, di un ramo che si rompe sotto il peso bianco, di acqua che scorre non si sa dove. O quelli leggeri dei bastoncini che, tanti anni fa, a Davos mi annunciarono la fine della giovinezza. Ero l'ultimo staffettista e mi avevano dato il cambio per primo. La pista correva all'aperto per trecento metri, poi c'era il bosco. Prima di entrarci, mi voltai a guardare, il finlandese era sempre lì, a duecento metri. Se tenevo quella distanza per i due chilometri del bosco era fatta, poi la pista scendeva fino al traguardo. A metà salita mi sembrò di sentire il picchiettio dei suoi bastoncini, leggeri, ritmati, ma ancora lontani. Le bandierine rosse mi venivano incontro veloci, un falsopiano mi allargò il respiro, ma appena dopo i rumori erano più vicini, più forti. Mi passò senza battermi sulle code, senza chiedere pista, mi parve che sorridesse come per scusarsi. Al traguardo gli amici mi avvolgevano in una coperta calda, mi davano una tazza di tè, si capiva che volevano consolarmi, ma non ero triste, provavo un sollievo profondo, se Dio vuole era finita la stagione fremente ma feroce delle sfide, delle ansie.

Qui, in Valle d'Aosta, per farmi capire che sono dei loro dicono: «Allora ci ha portato la neve», ma io non porto più nulla, neanche la neve, io la guardo con i meravigliati occhi dell'infanzia. Le sono molto grato per le ore felici sull'altipiano della mia città, in volo sulle sue onde ghiacciate, inseguito dal latrato dei cani dalle cascine, e per avermi tolto dalle angosce della guerra nel dicembre del '43. C'erano stati rastrellamenti pesanti nella val Grana. Bruciato il nostro villaggio, i Damiani, bruciati i villaggi verso il Coumboscuro. Feriti e ammalati erano già discesi in pianura, ma per i sani la vita era dura e si decise di far svernare la banda giù, fra Borgo San Dalmazzo e San Chiaffredo. «Io sto qui» dissi, e se ne andarono. Così passai quasi un mese in un villaggio in cui metà delle case erano bruciate e restavano quattro persone che non sapevano dove andare: il padre di Nanette ammalato di cuore, lei e altre due ragazze tornate dal Nizzardo. Nella guerra partigiana capita spesso così: bruciano le case dei civili e non quelle dei partigiani. La mia aveva una stanza con il soffitto a botte, il letto con il saccone di paglia e la trapunta che mi ero portato l'8 settembre. Ci stavo sotto al caldo, e tedeschi, spari, fiamme, compagni erano come svaniti. Ero solo, non potevo montare di guardia a me stesso, dalla strada comunale alla nostra frazione si saliva in venti minuti, ma era sceso un metro di neve, la neve mi proteggeva e l'aria fine mi smemorava. Uscivo con gli sci, salivo i pendii soffici del monte Bram, sopra il cuore occitano del Coumboscuro, dove ora hanno fatto un museo di gironde e altri strumenti musicali di una patria inesistente che pare vada da queste valli fino ai più lontani paesi della *langue d'oc*, fino ai Pirenei. Una volta scavalcai il Bram, scesi in valle Stura e arrivai a tre grange sepolte sotto la neve. Da una si alzava del fumo. C'era un uomo anziano, solo, e mi chiese se volevo «favorire». Sul tavolo c'era una ciotola di latte in cui nuotavano, come bianchi vermi, degli spaghetti bolliti.

Oggi il viaggiatore spaesato ha una casa sulla collina di La Salle. Può venir giù tutta la neve che vuole, ma la strada è sempre aperta. Non c'è più Pascal a guidare il trattore con lo spartineve, si inciuccava Pascal, e andava cantando per le strade curve della collina. Un giorno è precipitato giù per una ripa con il suo trattore, sino all'inferno. Sul letto non c'è più la trapunta, ma dei piumini candidi, il riscaldamento è a gasolio, e al minimo inconveniente arriva da Morgex il maestro delle caldaie. C'è il telefono, c'è il computer, c'è il fax, scrivo e mando a Roma, in Francia, in Svizzera, ma non mi sento tranquillo come in quel mese in cui dimenticai che c'era la guerra.

Le voci della Valgrisenche

La signora Miranda Levi si fermò davanti alla gigantesca diga della Valgrisenche e chiese al marito: «Ma perché non c'è l'acqua da questa parte?». Già, perché non c'è?, ci chiediamo anche noi che non ci siamo ancora rassegnati alla legge di gravità e continuiamo a volare, a camminare sui soffitti con la testa in giù, a risalire i torrenti come salmoni.

Adesso l'acqua non c'è né davanti né dietro la diga, si sono accorti che i calcoli sulla sua stabilità erano sbagliati e hanno svuotato il bacino. A monte della diga restano delle lame di acqua grigia che si insinuano fra sabbioni e muri diroccati in un pianoro lungo sei chilometri fatto deserto come da un'ira divina, sotto la parete bianca della Grande Sassière. I muri diroccati appartenevano al capoluogo Fornet e a Sevey, Beauregard, Supplun, Chappuis, Surier, Chatellet. Se prendete la strada che dalla diga sale a San Grato, il pianoro è ciò che rimane dei villaggi che stanno, trecento metri sotto, come in una campana di vetro, in un vuoto gelido, inabitabile per sempre. Stamane siamo a dieci sotto zero, c'è stata nella notte una spolverata di neve che il vento ha spinto ai bordi della strada assieme agli aghi di pino, un nastro bianco con aghi d'oro.

La distruzione dei villaggi per il bacino della grande diga non è stato un piccolo genocidio. Un errore, certo, ma con il consenso degli uomini. Metà degli abitanti se ne era già andata, quando avevano aperto la strada grande su cui arrivavano i carri con il grano, il riso e le verdure della pianura. Lì si era fermato il tempo in cui in Valgrisenche «on y va ni par mer ni par terre / mais par rocs et par pierres». Già allora i campi di avena e di patate erano tornati prati, i pochi abitanti rimasti campavano di latte e di fontina. Pian piano si sarebbero ridotti a qualche fuoco, ai vecchi decisi a morire in quell'ultima Thule, sotto il ghiacciaio, come il rettore Jean-Baptiste Genotto che aveva scritto al vescovo di Aosta che lo richiamava in città: «Monsignore, ho fatto tutte le mie provviste, ho speso cento franchi per avere una stanza foderata di legno che mi pare eccellente. Ho un'abbondante provvista di legna tagliata e secca. E un pendolo per regolare il mio tempo. *Daignez agréer*». Nessuna tragedia, chi se ne era andato aveva trovato un lavoro in valle o in Francia, agli ultimi era sembrato conveniente il risarcimento della società elettrica. Eppure il deserto che sta come in una campana di vetro per i sei chilometri del pianoro, con quelle lame di acqua scura in cui si riflettono le nubi che passano, quel presepe morto, quelle voci di una libera comunità svanite nell'aria sono un sommesso dolore. A chi si ferma sul bordo della strada per San Grato, dove la neve è indorata dagli aghi di pino, tornano alla mente le ultime testimonianze, le voci dell'alta Valgrisenche.

Una voce: «La gente lassù era attiva. Per dire, le strade in inverno quando la grande nevicata era finita. C'erano dei capi corvè che organizzavano le corvè, e bisognava partire, tutti andavano».

Altra voce: «Sì, sì, c'era un capo corvè in ogni villaggio, più o meno, e a Fornet quando davano l'ordine di partire bisognava partire, uno per famiglia, mandarne uno per famiglia e voilà».

«E chi aveva il mulo lo metteva con la slitta. Il mulo contava come una persona, uno con il mulo contava come due giornate di corvè.»

«La slitta grande da fieno, così facevano la strada più larga.»

«Bisognava portare sempre la pista all'altezza della neve perché la tormenta, il vento non la riempissero. Quelli davanti incominciavano a spalare almeno un metro e poi quelli dietro riempivano di nuovo la pista, schiacciavano la neve con le pale, passavano lo slittone, e così teneva, a livello della neve, se no con la tormenta non durava.»

«Ricordo ancora che il messo comunale dopo la messa annunciava le corvè, quelle che si sarebbero fatte nella settimana. Allora era assessore alle strade Eméric de Frassy.»

«Sì, un uomo rigido.»

«Le famiglie più ricche avevano quattro vacche e per fare un raccolto di grano ci volevano due anni, fin che non hanno smesso, quando la ferrovia e tutte le altre cose sono arrivate in valle.»

«C'erano le patate, ma non sapevamo raccoglierle, usavamo delle zappette per non guastarle. Ma un giorno François d'Usel è andato, non ricordo dov'è andato, e ha visto che le raccoglievano con l'erpice e il mulo.»

«È andato a Gressan, mi sembra, aveva vent'anni, ha visto come raccoglievano le patate e lo ha detto a suo padre Grat de Condjo. "Ehi, vecchio, si fa così" ha detto, ma il padre non ha voluto, tradizionale sino alla fine. Lui, François d'Usel, di notte ha preso il mulo e ha raccolto le patate nel suo campo, a Tracorgnou.»

«Mi ricordo di una cosa bella che non è più tornata. I giovani erano portati a cantare e cantavano bene. C'era l'abitudine che, dopo il grande rosario, il 7 ottobre i giovani andavano a visitare le pastore, dove c'era una pastora arrivavano i giovani a parlare. Poi, a sera, si riunivano e passavano per tutti i villaggi, mi sembra fra le nove e le dieci di sera, quando noi eravamo già a letto, passavano e cantavano.»

«Un altro modo per vivere era fare un po' di contrabbando. Quando hanno dato la Savoia alla Francia e hanno chiuso il Col du Mont, qui era Italia e di là Francia. Prima era la stessa cosa, loro erano come noi, si portavano le bestie da questa e dall'altra parte, noi comperavamo le mucche là perché erano meno care e potevano passare il colle, e loro le nostre capre, i nostri montoni, dicevano che erano migliori. Abbiamo fatto il contrabbando con il petrolio e poi con le stufe che facevano all'Ariance, con quattro fornelli, ricordo Justin che se ne portava una a spalla. Poi portavamo il caffè. A un certo punto non abbiamo esportato più niente, portavamo da questa parte tutto, petrolio e caffè.»

«Ricordo Louis De Jandera, un gennaio, su al colle c'era una tormenta terribile. Sono passati in tre. Avevano dei sacchi enormi. Louis aveva quaranta chili di caffè.»

«Si faceva il contrabbando d'inverno perché nelle

altre stagioni eravamo presi dai lavori, andavamo a tagliar erba dovunque. Facevamo anche la tela. I morti, secondo tradizione, li portavamo a spalle fino al cimitero finché il curato non ci disse: "Bisogna ragionare, non conviene far morire di fatica i vivi per seppellire i morti. Li si rispetta lo stesso anche se li portiamo con i carri o con la slitta". La tradizione era che i vicini scavassero la tomba e la famiglia del morto gli desse colazione e pranzo.»

Les neiges d'antan, viste con i nostri meravigliati occhi d'infanzia, le nevicate interminabili che ogni anno tutto purificano e addolciscono sono una nostra immaginazione, come il terrore che nella serra del mondo non nevichi più.

Il parroco di Fornet, Joseph-Bernard Gerbellaz, ha tenuto un diario tra il 1879 e il 1921, di cui è protagonista la neve. Certi anni ne venivano giù due metri: allora i camosci e gli stambecchi affamati scendevano in cerca di fieno fin nei villaggi e i morti venivano messi nei fienili per essere sepolti quando fosse possibile scavare una fossa. Ma c'erano molti inverni in cui la neve non arrivava né a dicembre, né a gennaio, né a febbraio, e a marzo c'era già erba nei pascoli, le mandrie salivano verso San Grato, e solo allora, per un minimo rispetto delle stagioni, il buon Dio mandava giù i *pataras*, i fiocchi larghi della neve primaverile. Il tempo in valle è sempre stato imprevedibile e diverso da quello del Piemonte. Nella Valle d'Aosta le laterali hanno tutte lo stesso percorso: inaccessibili, rocciose, strette, in orridi all'imbocco, con le distruzioni delle valanghe e la fatica senza fine dei ripari, più su strette, ma non più ripide, e alla testata aperte come un paradiso terrestre in vasti pianori sotto i ghiacciai, come era questo di Fornet, uno *shangri-la* fuori dal mondo, unica via di fuga i colli da cui scendere in Tarantasia.

Un giorno di giugno inoltrato arrivai a San Grato in auto con mio figlio Davide che allora aveva dieci anni. Più avanti non si andava, c'era una compatta neve primaverile. Mettemmo gli sci con le pelli di foca, anche ai suoi, piccole pelli di foca. E cominciammo a salire senza sapere bene dove saremmo finiti. Era un mattino tiepido, la neve teneva, salivamo a lunghi zig-zag verso le casermette di tutte le guerre inutili con i francesi, e avanzando a passi ritmati, senza fretta, non ci accorgemmo neppure di essere arrivati a una finestra vicina al Col du Mont. La cresta era sottile, da tenerla fra le due mani e a guardare il vuoto verso la Francia, il vallone fra rocce grigie che lontano si apriva in pascoli verdi, si aveva un sentimento di fratellanza. Anche Davide volle sporgersi per guardare, io mi chinai sul sacco per prendere la borraccia e intanto lui si era addormentato come gli accadeva in montagna per l'altitudine e l'emozione. Così stemmo mezz'ora. C'era l'aria fine e il lieve capogiro delle beatitudini alpine.

I gatti e Di Pietro

La vigilia di Natale vengono a Bellardey Elio Veltri e l'avvocato Di Giacomo. Vogliono parlarmi degli amari casi del magistrato Di Pietro, l'uomo di Mani pulite messo sotto accusa da falsi testimoni. «Sei l'unico che continua a difenderlo su un grande giornale» mi ha detto Veltri. C'è una sola strada da La

Salle a Bellardey, larga otto metri, con cartelli indicatori a ogni chilometro, ma gli spiriti della montagna confondono i visitatori e la strada sembra non finire mai, di tornante in tornante sale verso le terre dei lupi. Veltri mi chiama con il telefonino, non sanno più dove sono, «Siete sulla strada» rispondo. «Ma non muovetevi che vengo a prendervi.» Veltri lo conosco dai tempi in cui faceva il sindaco di Pavia, l'avvocato Di Giacomo è la prima volta che lo vedo. È un bel signore timido, riservato. Entrano nella casa tiepida, e le fiamme nel camino sembrano riconfortarli. Chiedo se vogliono bere qualcosa e d'improvviso l'avvocato Di Giacomo si tende come un arco, scosso da un tremito violento, la borsa con le carte gli cade a terra, arretra traballando. Ha visto Michelino! Ha visto uno dei miei gatti, e per lui un gatto dev'essere come il fiato del demonio. Afferro Michelino che mi guarda stupito e lo chiudo in cantina. Quando torno, Di Giacomo trema ancora e Veltri sta parlandogli come una mamma al bambino: «Su, sta' tranquillo, l'ha chiuso in cantina. Bevi qualcosa Enrico». L'avvocato Di Giacomo prende il bicchiere, la mano gli trema, l'acqua gli schizza sulla giacca. «È tutto a posto, si calmi.» L'avvocato guarda le finestre, terrorizzato. «Tranquillo, sono chiuse.» Ci sediamo a tavola, il minestrone è ancora tiepido, c'è un piatto di formaggi, ci sono i budini. Veltri e l'autista mangiano di ottimo appetito, Di Giacomo non riesce a deglutire. Dio mio, sulla parete proprio sopra la sua testa c'è il quadro del mio amico Somarè con Agostino passamuri, il gatto Agostino che passa per il muro della cucina afferra una polpetta nella padella del cuoco che non fa in tempo ad alzare le mani: Agostino ha già passato un altro muro e fugge con la polpetta. Quando servo il cotechino e i crauti l'avvocato sembra quietarsi, si incomincia a parlare di Di Pietro e dei suoi guai, ma in quella il gatto Mariani, il secondo gatto, si materializza nella finestra, anche lui alle spalle dell'avvocato. Veltri abbassa lo sguardo nel piatto rassegnato al peggio, ma i miei occhi sono così sbarrati sul micio sbucato dalle tenebre che l'avvocato intuisce, si volta a quegli occhi gialli fosforescenti, si alza di scatto, si inarca e cade sul tavolo fra spruzzi di vino, rotolio di bicchieri, sbattere di piatti. Esco dalla porta della cucina, raggiungo alle spalle Mariani che non si è reso conto del disastro, me lo stringo al petto e porto anche lui in cantina. Ma ormai non c'è rimedio, anche davanti al camino Di Giacomo continua a tremare, a guardarsi attorno terrorizzato, rannicchiato in una poltrona senza più pronunciare parola. Se ne vanno a mezzanotte. Corro a liberare i miei gatti dalla cantina: si son sistemati fianco a fianco su una cassetta di vino barbaresco, mi guardano come due scolari messi in castigo da un maestro capriccioso, sul pavimento ci sono i miseri resti di un cotechino delle Langhe. «Gat nen galup ciapa nen i rat» diceva mio nonno. Questi sono *galup*, molto golosi, si sono stancati dei topi, li prendono solo quando gli va, quando hanno voglia di giocare. Escono dalla cantina con degnazione, con passo dinoccolato, di traverso, come i gondolieri che non si sa come vadano diritto andando storti.

Di noi uomini i gatti hanno capito molte cose, se non tutte: sanno, da millenni, che con noi non devono mai darsi, ma farsi sempre corteggiare, mai girarsi quando l'umano li chiama, ma strusciarsi sulle sue gambe quando non se lo aspetta perché gli sia ben chiaro che loro gatti fanno quel che vogliono e, se l'umano lascia un cotechino delle Langhe incustodito, in un lampo lo afferrano. Da millenni il patto è questo: convivono, afferrano, divorano ma senza ombra di pentimento e questo piace al masochismo dell'umano. Quando hanno fame ti guardano come se fossi la Madonna, imploranti e magnetici, ma una volta mangiato si allontanano lentamente, di traverso. Non chiamateli, non si degnano. Ignorano il rapporto servo-padrone, sono gatti di casa, ma non si fidano mai completamente. La sola cosa che sono disposti a fare sempre con voi è giocare a nascondersi quando arriva l'ora di partire. Allora una sensibilità arcana, una lettura gattesca del pensiero, una misteriosa ricezione di un vostro gesto, l'apparizione di un soprabito, di una borsa da viaggio o chi sa un odore, un fluido li avverte che è l'ora di iniziare il gioco che vi farà impazzire: scompaiono, si nascondono a costo di rimaner vittime della loro astuzia, si cacciano a testa in giù in uno stivale e quasi ci soffocano, si incastrano nei comparti segreti di una stufa di Castellamonte, stanno appesi alle molle di un letto. E una volta trovati e afferrati fanno delle faccine graziose come a dire: «Ti sei divertito?». Sono sempre in guardia, si scansano, si abbassano, si piegano ancor prima che la vostra mano si muova, colgono le vostre intenzioni, come se ogni parte del loro corpo avesse una sua vigilanza.

Ora Mariani e Michelino si sono messi nella loro solita posa strafottente, a pancia in aria. Chi sa chi era quell'umano matto e tremante? Sono debitore ai miei gatti di rare beatitudini. A fine pranzo, mentre sorseggi un caffè, fuori piove a dirotto, tua moglie con cui vivi da un quarto di secolo si è assopita nella poltrona con il suo volto ancora bellissimo sotto i capelli grigi, il tuo sguardo vaga per la stanza, sui quadri comperati negli anni con il senso vivissimo di colpa di uno che viene dalla campagna e dovrebbe comprare buona terra, non questa roba da ricchi, quadri, vasi, sculture, mobili antichi – quanti anni fa quella madia da un antiquario di Orta? – e Michelino e Mariani stanno sdraiati pancia in su, in quest'aria casalinga di amore cui cedono anche i gatti di pelo grigio. È il momento in cui sogni felini passano per le loro teste triangolari, in cui a occhi socchiusi guardano ciò che noi non vediamo, forse un dio con la faccia a triangolo e i baffi. Mi vogliono bene i miei gatti? Difficile dirlo. Ti arrivano di un balzo sul petto e ci si insediano come la sfinge, per l'eternità. Sì, forse mi vogliono bene, ma sempre dopo i loro desideri e gli scatti e gli scarti di belva domestica, che vive con gli umani senza rinunciare a nulla della sua naturale innocente ferocia. Quando uno di loro gioca con il topo dominato da quegli occhi gialli e lo «totticchia», lo lascia muovere di un centimetro per riprenderlo con la zampina fulminea, lo vedi come preso dalla casualità della vita e della morte di cui è padrone e vittima, nessuno più di un gatto è conscio delle alterne sorti. Non c'è nulla che abbia deciso di fare che tu possa cambiargli in quella testa. A volte sembra che ti stia dicendo: tu umano sei un po' fanciullesco, tu pensi che io non sia più completamente un gatto, che abbia ceduto all'accasamento, a questo cuscino, morbido e caldo, alle tue carezze, ai giochi con le noci rotolanti sul pavimento, ma se di colpo mi fermo a guardare ciò che tu non vedi sono ancora un fascio di nervi, di istinti, di imprevedibile follia. Fra noi c'è, però, un rapporto intellettuale, il tuo lavoro di scrittore mi piace perché mi sdraio sulle tue carte e le covo per te, gli trasmetto le mie feline elettricità, o mi acciambello nel cesto della carta straccia e faccio ron ron nel dormiveglia, mentre tu picchietti sui tasti della macchina per scrivere come una fresca pioggerellina di primavera o una fredda d'autunno, che a me vanno bene entrambe.

Stanno a pancia in su i miei gatti e hanno già dimenticato quello strano umano che sta viaggiando in auto nella notte, ancora rannicchiato e tremebondo. Tutto ciò che un gatto può fare di buono, hanno l'aria di dire i miei gatti, lo facciamo, viaggiamo in auto nelle nostre gabbiette per due o tre ore senza un lamento, se apriamo la porta della tua stanza da letto, non è per disturbarti ma per dormicchiare qualche ora in compagnia. Quando ti guardiamo in attesa del cibo con occhi di disperato, irresistibile desiderio è perché siamo fatti così, e non lo nascondiamo. Siamo ingrassati a botticella, siamo due carissimi gatti. E cerca di non invitare più degli umani così sgarbati e isterici.

Il monte anonimo

«E voi montagne ci guardate, ci guardate ma non siete mai cadute.» Che ha voluto dire Elias Canetti? Che fra noi uomini e loro, le grandi montagne, c'è un rapporto univoco, la nostra fantasia contro la loro indifferenza? Noi che abbiamo proiettato su di esse l'odio-amore per la natura, attese e timori religiosi, paure e volontà di potenza, e loro che ci guardano impassibili, rocce e nevi eterne? Noi che per secoli le abbiamo ignorate per poi rivolgere a esse un'attenzione quasi morbosa, la geologia trasformata in teologia, la conoscenza in sfida, persino in trascendenza? Ho intervistato lo scalatore Walter Bonatti, parlava della montagna come di una donna bellissima e omicida, del suo cuore di pietra conquistato in epiche lotte. La letteratura alpinistica tende al mistico, le altitudini avvicinano a Dio. Ascesi mistica dopo secoli di indifferenza. Prendiamo il caso della più alta montagna d'Europa, il monte Bianco. Chi passa per la stretta di Pierre Taillée sopra Arvier esce dalla penombra alla sua luminosa gloria, il grande fiore di roccia e di ghiaccio, il perno del continente. Ma per generazioni il colosso è stato una montagna senza nome, come le altre della Alpis Graia, le Alpi somme per Cesare diretto alle Gallie. Gli storici del passaggio di Annibale non lo nominano, non se ne accorgono. Non gli danno un nome nemmeno gli arabi che pure lo hanno dato alle montagne del Vallese come l'Allalin. Era un immane bastione che non portava da nessuna parte, deserto sopra la linea degli alberi.

I cartografi romani e medioevali hanno fatto le montagne tutte eguali, a denti di sega, anche se erano ottimi disegnatori, perché per loro una montagna valeva l'altra, erano un deserto, per loro contavano solo le valli e le strade dirette ai valichi, e nel Medio Evo in modo approssimativo. Strade e valichi sono precisi nei documenti romani, esatte le miglia fra

Eporedia, Vitricio, Augusta Praetoria, Arebrigio, Bergintro, Darandasia, da Ivrea a Chambéry, nel punto giusto le pietre miliari con i nomi che hanno dato ai paesi, Quart al quarto miglio, Septumian al settimo, Diemoz al decimo, ma nei secoli bui anche questa conoscenza si perde, le strade consolari degradano a mulattiere, scompaiono sotto le frane, chi vuol percorrere la valle deve affrontare le lunghe deviazioni che da St-Marcel e St-Pierre salgono fin quasi ai duemila. Aveva un nome una montagnucola che sta ai piedi del Bianco, all'imbocco della val Veni, Chétif, dai *captivi* che lavoravano nelle miniere, e non lo ha avuto lui, il gigante, fino al Settecento. C'è una tela di Konrad Witz del 1444, la pesca miracolosa di Cristo a Tiberiade, ambientata sul lago di Ginevra; nello sfondo, inconfondibile, il gigante senza nome. Nomi mutevoli ogni tanto gli venivano attribuiti nelle carte dei principi e dei mercanti, Alpis alba, Saxus albus, Malet, Maudit, Les glacières, ma un nome, che valga per tutti, non lo si trova neppure nelle carte di Johannes Strump, che pure li ha dati all'Eiger, alla Jungfrau, al Bietschhorn, al Matterhorn. Il nome Bianco appare per la prima volta nel 1744 sulle mappe di Windham e Martel. Nelle grandi montagne terre di nessuno gli uomini collocavano fantasie, superstizioni, sogni. Le montagne disegnate da Leonardo dal lago Maggiore sono una trasfigurazione fantastica, l'artista scienziato maestro di precisione non sa neppure se il nome della più alta sia Boso o Rosa e da cosa derivi il nome Rosa, se dal colore del cielo o da *roesch*, ghiaccio nel dialetto dei Walser. Le Alpi somme sono vasta, inesplorata solitudine, per secoli si parlerà di un monte Iseran alle spalle del Gran Paradiso, e non dove sta in val d'Isère. Ancora nel 1850 sul foglio 37 delle carte militari del Regno sardo il monte Iseran appare alle spalle di Cogne con tanto di altezza, 4045. Finalmente due anni dopo arriva un cartografo inglese, Matthews, che cancella la montagna inesistente, ma invano, per un altro decennio le mappe militari piemontesi restano tal quali e sul «Times» esce il resoconto di uno sconosciuto salito sul monte che non c'è, da Ceresole reale.

Le montagne guardano e gli uomini fantasticano, fanno passare per il Piccolo San Bernardo, diretto a Monaco, in un incomprensibile giro, Ercole di Tebe, san Bernardo rinchiude il diavolo nella Mer de Glace, nel Medio Evo si immagina che dietro le vette ci sia un gigantesco serbatoio di neve da cui scendono le lingue dei ghiacciai, simile alla credenza che tutte le acque del Mediterraneo finiscano dopo le colonne di Ercole in un abisso marino. Le montagne ora appaiono mansuete, percorribili e ora insormontabili e orrende. Per secoli le popolazioni celtiche hanno attraversato nei due sensi i valichi delle Cozie e delle Graie che per metà anno sono aperti e agevoli, ma il passaggio di Annibale viene descritto come un'impresa sovrumana. Di fronte alle montagne gli uomini sembrano a volte rinunciare alla ragione. Nel Medio Evo c'erano strumenti come il sestante e conoscenze matematiche sufficienti a misurare la loro altezza, ma duravano le credenze più strane: che le Alpi somme fossero più alte delle nubi e delle piogge o che non potessero esserci montagne più alte della profondità del mare, e si confondeva il Cenisio con il Summus Penninus, il Gran San Bernardo.

Il rapporto con le montagne muta di continuo. C'è un alpinismo monarchico per dimostrare che anche le più alte e inaccessibili stanno sotto il dominio dei re cattolici. Pietro III d'Aragona scala il Pic Canigou, vetta inviolata dei Pirenei, e vi pianta il suo regal bastone. Carlo VIII, di passaggio a Grenoble con la sua armata, viene a sapere che poco lontano c'è il «monte inaccessibile», un immane blocco rettangolare di granito che non ha vetta ma un lungo pianoro. Antoine de Ville, capitano di Montélimar, segnalatosi per gli assalti alle fortezze, riceve l'ordine sovrano di scalare la montagna e ci va assieme a sei giovani forniti di martelli, scale, picche, corde obsidionali, tre sono preti, i preti alpinisti sono una costante dell'epopea alpina, partecipano e benedicono. Testimoniano della scalata i cortigiani del re che per undici ore seguono dal basso gli scalatori fin che non li vedono camminare sul pianoro. La relazione di Antoine de Ville celebra la gloria del monarca e il paradiso terrestre, il pianoro coperto di gigli, il fiore del re, la tenera erba su cui corrono, come negli arazzi, daini e camosci. Uno dei sacerdoti, François del Bosco, battezza il monte nel nome dello Spirito Santo. È l'anno 1492. Quando nel 1834 verrà fatta la seconda scalata non si troveranno sul pianoro né gigli né daini, ma la croce di ferro piantata dal capitano di Montélimar.

C'è l'alpinismo religioso che semina santuari da Montserrat a La Grande Chartreuse per tutte le valli, e spinge i fratelli Petrarca, Francesco e Gherardo, sulla riarsa piramide del Ventoux, e c'è l'alpinismo romantico dell'Ottocento, quando in Valle d'Aosta arrivano come semidei i viaggiatori inglesi che percorrono a piedi distanze incredibili, scalano montagne impossibili e non capiscono come in una valle, dove i vigneti stanno sotto montagne meravigliose e ci si muove in un tripudio panico, ci sia un'umanità così misera, così logora. Tre volte la settimana dopo il 1830 una diligenza sale da Ginevra a Chamonix, gentiluomini e gentildonne sostituiscono al *grand tour* italiano il *grand tour* alpino, vogliono sentirsi all'unisono con la natura selvaggia. Il conte di Saussure si è fatto costruire un bivacco in cima al monte Grammont da cui si può osservare il Bianco, studiare le vie di salita. Poi sull'alpinismo romantico si innestano quello snobistico e il turistico. Le guide di Chamonix hanno portato in vetta la prima donna, Marie Paradis, l'hanno convinta con un grosso premio, se l'è guadagnato con sofferenza. Lo snobismo compare con la nobildonna Mariana Stark Henriette d'Angeville che indossa pantaloni di lana scozzese e sopra una gonna dello stesso tessuto, e poi un cappello di pelliccia, una maschera antineve, un foulard di seta, coltello, termometro, cannocchiale, crema di cocomero contro il sole, una bottiglietta di acqua di Colonia, un thermos di caffè, una lente che «raccomanda a chiunque faccia una spedizione nelle altitudini per esaminare la pelle, scoprire i danni del sole e rimediare immediatamente con la pomata». Snob e romantica, Henriette scrive: «Quando piove mi sento orfana, quando appare il sole sento uno slancio del cuore, quando vedo il Bianco mi viene in mente il Cantico dei cantici».

Mutevoli rapporti fra gli uomini e la montagna. Passando le Alpi, Montaigne cade in depressione, Cellini ne resta terrificato per giorni, Shelley ne esce quasi pazzo, Whymper alla vigilia della scalata del Cervino vede nella nebbia, sulla vetta, le tre croci del Golgota, Walpole prova sul Cenisio «magiche sensazioni», Bernardo da Mentone canta mentre i «marroni» lo portano in sedia a spalla sul Col de l'Iseran. Per la gente di montagna il valico è commercio, avventura, speranza. Fotografie ingiallite mostrano gli spazzacamini valdostani che salgono da La Thuile al Piccolo per andare a lavorare in Francia. Con le fasce mollettiere attorno alle gambe, gli scarponi chiodati, le giacchettine con il bavero rialzato sul collo, le scope metalliche in spalla, a pestar neve per ore. Nella salita al colle di Tenda i contadini cuneesi diretti alle coltivazioni di fiori del Nizzardo si fermavano a una cantoniera-osteria di nome Bragard, nome da briganti e da lupi. Dalla parte italiana la neve era ghiacciata, il vento freddo, ma appena dopo il traforo buio e gocciolante venivano l'aria tiepida, gli ulivi, il profumo del salso della riviera e delle erbe aromatiche, il presentimento del mare come nelle pagine di Alvaro in cui i calabresi dell'Aspromonte scendono per le vacanze alla costa e incominciano a sentire l'avvicinarsi del mare nello splendore degli aranceti, nel biancore delle crete, nella vibrazione più dolce dell'aria. Nella guerra partigiana i valichi erano spesso la salvezza. Ce n'è uno magico in Valle d'Aosta sopra By per cui sono fuggiti in Svizzera il senatore Luigi Einaudi e suo figlio Giulio, l'editore, che al malgaro che gli chiedeva se desiderasse qualcosa da bere disse: «Sì, magari una tazza di tè». Ma c'era solo latte.

Storie di mucche

Les reines, mucche regine, mucche guerriere, scendono dai pascoli alti alla disfida di La Salle nel prato della Maison Gerbollier. Fra le corna hanno dei fiocchi rossi, lucenti di un carnevalesco funereo, per una festa di paese o per il mattatoio. Incrociamo una decina di *reines* precedute da una donna che sventola una bandiera rossa da casellante per fermare le automobili. Una mucca che ti guarda a mezzo metro di distanza è un'emozione, una *reine* si è piantata davanti a noi, poi si sposta, viene con il muso contro il finestrino con le narici rosa fumanti, i grandi occhi neri e umidi: migliaia di anni assieme non hanno risolto il mistero di questa grande forza repressa, di questa rassegnazione bovina che un giorno potrebbe esplodere in rivolta. Che cosa si vede con gli occhi di una mucca? La *reine* deve aver visto qualcosa di minaccioso, perché fa un balzo a lato. Un'altra donna, pure lei con bandiera rossa, vien dietro le *reines*, le spinge avanti con un urlo che fa parte del quadruplice linguaggio locale, quello per le bestie più il *patois*, il francese, l'italiano.

Scendiamo al prato della Maison Gerbollier per assistere alla parodia della tauromachia, niente *banderillas* vibranti sulla groppa insanguinata del toro, furia nera che carica, nel fumo del sudore e del sangue, ma la sfida delle *reines* valdostane che si gioca per delle mezz'ore in un'immobilità percorsa da minime, quasi impercettibili mosse, come in un teatro coreano, improvviso ricordo di una Seul piena di crisantemi e di bacili d'olio bollente, il teatro in cui entrai più per disperazione che per curiosità e sulla cui scena, davanti a un albero schiantato dal fulmine, su uno sfondo di montagne aride da cui arrivava il vento gelido di steppe sterminate, lui e lei, giunti all'ultima stazione dell'amore e della morte, si fronteggiavano senza spostarsi di un centimetro, inclinando il capo ora a sinistra ora a destra, muovendo un braccio in un gesto che poi non si compiva, fra gemiti e cigolii, nel silenzio tombale di una platea immobile. Come qui, nel prato della Maison Gerbollier o su, al Piccolo, nel Cercle d'Hannibal, a cui sale il popolo salasso per vedere i duelli delle sue mucche regine. Le due contendenti non fanno irruzione nell'arena per una porticina con le nari fumanti e la bocca bianca di spuma. Entrano lentamente accompagnate dai loro allevatori, si fermano alla distanza di una decina di metri e, fra un ondeggiare emozionato della folla, iniziano la misteriosa interminabile fase della dichiarazione d'intenti e del reciproco studio. Quella a sinistra, forse la sfidante, alza una zampa e si mette a raspare nella terra morbida del prato, con forza ma senza furore, e, quando ha fatto un cerchio di terra nera nel verde, vi strofina il muso, ma con un occhio nero e umido osserva la sfidata. La quale abbassa un po' il muso e, senza perdere di vista la sfidante, si mette a raspare a sua volta facendo un cerchio di terra nera nel verde del prato e vi strofina il muso. Ci sono mosse, messaggi, finte che ai non salassi sfuggono, ma che i salassi seguono con cupa passione per queste loro mucche, fonte di vita e di sopravvivenza. Finalmente le due si fronteggiano, si piantano corna contro corna, si spingono, scivolano fra boati di emozione, tornano allo scontro, all'immane contrasto cranico, avanti e indietro di pochi palmi come in un tiro alla fune fin che una non si sgancia, si dichiara vinta e se ne va. La sera, la televisione regionale ritrasmette per ore gli scontri, con primi piani delle regine e il racconto dei loro palmarès, con sovrimpressi alberi genealogici, peso, altezza, produzione lattifera.

Noi foresti non siamo mai riusciti a prendere molto sul serio le mucche dei salassi. A dieci anni mio figlio Davide guardava le mucche e diceva: «Sembra una cozza». E suo fratello Guido correva loro incontro su un prato di Dolonne gridando: «Mamma, una mucca mi ha rubato le mutande!». Quel giorno della battaglia delle *reines* c'era con noi a Bellardey Renata, una collega, appena rientrata da Cuba. Eravamo a tavola e, parlando di mucche, alla Renata vengono in mente quelle cubane: «Ero con una collega di "Le Monde" e decidiamo di fare un lungo giro per l'isola, più di mille chilometri su una Cadillac con l'aria condizionata. Ci sembra di essere nell'Oberland bernese, nel fresco dell'aria condizionata, i finestrini lucenti e tersi come quelli di un treno svizzero, le colline, le valli, i prati identici, prati verdi, mucche ferme nei prati e sulle alture, come attorno a Gruyères, mucche bellissime, marroni, bianco-nere e nere. Stanno ferme o si muovono lentamente ma senza chinarsi al pascolo, all'erba, tutte ritte, lo sguardo fisso nel vuoto». Renata, con la sua voce fonda, il bicchiere vicino alle labbra, ci sta conducendo come altre volte per i suoi deliziosi paradossi, sicura come una sonnambula. «Ci fermiamo a una stazione zoologica socialista e io chiedo a un funzionario: "Sa, abbiamo avuto una curiosa impressione, che le vostre mucche non abbiano voglia di pascolare". "È una storia lunga," dice lui "*más complicada*. Vede, con i soldi della solidarietà comunista abbiamo fatto per anni le più avanzate ricerche genetiche, abbiamo prodotto delle stupende mucche, allevate coi mangimi. Poi l'Unione Sovietica è scomparsa, i soldi per comperare i mangimi non sono più arrivati, ma le nostre mucche ormai si erano abituate ai mangimi e non vogliono più saperne dell'erba." "E allora?" "Stiamo consumando gli ultimi mangimi, ne comperiamo ancora esportando zucchero e rhum, poi si vedrà. Qualcosa inventeremo, i nostri scienziati hanno trovato un brevetto unico al mondo per conservare il latte senza pastorizzazione e additivi chimici." Gli ho detto: "Ma allora perché nei negozi dell'Avana non c'è un goccio di latte?". "*Claro*," ha detto lui "perché le nostre mucche con poco mangime e disabituate al pascolo non producono latte."»

«Ma a Cuba cosa facevi?» «Stavo con la giornalista di "Le Monde" in un albergo in riva al mare, c'era un terrazzo che dava proprio sulla spiaggia da cui salpavano i *balseros*, sai quelli che fuggono per mare a Miami. Noi sulla terrazza bevevamo rhum ghiacciato, fumavamo e guardavamo il mare. Loro, i *balseros*, ci vedevano, lasciavano sulla spiaggia i loro gommoni, le loro barchette, venivano su a far due chiacchiere, gentili, belli, giovani. "Dai venite" dicevano "venite con noi a Miami." "No grazie," dicevamo noi "molto gentili, ma siamo giornaliste, siamo qui per scrivere su Cuba." "Ma cosa vuoi scrivere?" dicevano loro. "Qui niente carne, niente latte, niente pesce, solo fagioli e patate, che cosa vuoi scrivere?" "Ma perché dovremmo venire con voi a Miami per mare su un gommone se possiamo prendere un aereo?" "Ci facciamo compagnia, si aspetta una bella giornata e si parte. La polizia lascia fare, dopo le prime dieci miglia arriva la corrente del Golfo e in poche ore sei a Miami, cinquanta" dicevano loro "miglia in tutto." Ci ho scritto un articolo» continua la Renata «ma in redazione non capivano, dovresti riscriverlo, dicevano, ci è parso un po' snob.»

Il ponte di Ael

«A mezzodì di Aymavilles passa un torrente che trae la sorgente dalla ghiacciaia di Cogne, il quale si passa su un grandioso ponte, chiamato il ponte di Ael, di una altezza sorprendente la quale non lascia di abbrividire. Questo ponte si pretende fu fatto costruire da Caio Aimo e da Caio Avillio come dimostra una scrittura incisa sotto la volta: IMP CAESAR AUGUSTUS XIII COS C AVILLIUS CFC AIMUS PATAVINUS PRIVATUM. È ancora visibile la volta per cui doveva condursi l'acqua alla città di Aosta.» Qui finisce l'appunto di viaggio di don Giacinto Amati, e qui cominciano i misteri di Pondel, gli innocenti enigmi che mi pongo quando percorro la strada per Cogne: come il gioco degli etimi, come il cammino di Annibale, come le invasioni dei saraceni, un vagare per la storia fuori dalle sue violenze e dal sangue, reinventandola, arricchendola di innocui quesiti. Dunque, a quel che si sa, gli imprenditori minerari Aimo e Avillio sono i costruttori di questo viadotto-acquedotto, un arco perfetto con fondamenta nella roccia nel punto in cui il torrente Grand Eyvia s'inabissa per centotrenta metri, in un orrido sempre in ombra. Perché qui e non dove le acque del torrente corrono quasi a livello delle sponde? La presa d'acqua è sulla sponda sinistra, un lunghissimo condotto tagliato nella pietra arrivava all'acquedotto, ma sulla sponda destra, in direzione di Aosta, non se ne trova traccia: alcuni pensano che ci fu un *tremblement de terre* che fece scomparire il condotto, ma le rocce appaiono intatte. Forse non fu mai fatto, forse da Roma tagliarono le spese per l'espansione mineraria, per le fabbriche che i patavini volevano costruire nel fondovalle. L'ipotesi che l'acquedotto-viadotto servisse per rifornire Augusta Praetoria non regge, c'erano le prese d'acqua nel Buthier più vicine alla città. A meno che la costruzione del viadotto-acquedotto non sia stata decisa dalla megalomania monumentale dei romani, come memento della loro grandezza più che a misura dei bisogni, la ragione per cui ad Aosta, fatta per novemila abitanti, c'erano un anfiteatro per ventimila di ottantasette metri di lunghezza e un gigantesco teatro, segno del dominio sugli uomini e sulla natura. Ci sono tracce di un condotto sulla riva sinistra dove pare ci fosse un accampamento di legionari, e magari il centurione comandante, amico di Aimo e di Avillio, prestava loro i soldati per i lavori, per tenerli in esercizio.

Ma è anche possibile che la grande impresa pubblica creata dall'imperatore per costruire, al seguito delle legioni, le città nella Gallia avesse un surplus di scalpellini e di muratori che bisognava impiegare.

L'intera valle è piena di *pierres taillées* e di *trous*, di buchi minerari espropriati da Cesare ai poveri salassi. A essi, riottosi e sognanti, Roma imponeva prima la forza delle armi e poi la squadratura e il peso delle sue pietre tagliate, il suo modello universale ed eterno nemico di ogni diversità, la stessa città rettangolare come un accampamento militare, attraversata dal cardo e dal decumano, per tutte le province del mondo, fra i palmizi africani e le Alpi somme. E in quella ripetizione, nella stilizzazione urbana secondo un progetto difensivo, c'era anche il male oscuro romano, la strisciante idea della caducità del potere. Le mura dell'Aosta romana hanno perso il loro rivestimento di granito, sono rimaste le pietre di fiume impastate nella malta, ma su quel disegno razionale si sono incrostate la miseria medioevale, il risparmio di un muro, l'uso di fondamenta, l'ammucchiarsi di case e catapecchie fatte rubando pietre e archi, distruggendo le nicchie di marmo delle mura, spaccando le statue, e anche la paura degli spazi aperti delle grandi piazze, delle terme. Già, c'è stato anche il gioco misterioso di una storia non lineare, che si ripiega su se stessa, torna indietro, distrugge o nasconde bellezza e maestà, chiude con i suoi muri il teatro, la scena stupenda aperta sulla valle del Gran San Bernardo, sui ghiacciai del Grand Combin, sul desiderio degli ampi spazi oltre il colle da cui si scende verso lo specchio azzurro del Lemano, verso le dolci terre di Borgogna.

Perché quest'idea della città, della civiltà non è continuata? Perché gli uomini hanno smesso di pensare in grande e si sono rinchiusi in rocche abbarbicate sui monti, si sono coperti di pesanti corazze, hanno vissuto nello sporco, rifiutando le terme, le palestre, gli stadi? Dicono che Caligola, arrivato sul pianoro dell'Alpis Graia, il Piccolo San Bernardo, avesse pensato di costruirvi una città, di certo i legionari romani vi eressero degli ospizi ornati di colonne, una fu rialzata dagli arabi che le posero in cima una «pietra lucente», forse un grosso cristallo di rocca. Ci sono ancor oggi i cercatori di cristalli, salendo alle Grandes Jorasses l'altra estate abbiamo incontrato il figlio del custode di un rifugio che apriva la sua sacca per mostrare ai nostri figli rapiti i cristalli scintillanti. Il più entusiasta celebratore delle glorie romane, il retore greco Elio Aristide, esaltava l'impero che «aveva creato una natura umanizzata, solcata da grandi strade, resa confortevole dai fori, dai templi, dalle terme, che aveva portato una legge che nasceva dalla forza, ma che poi giudicava secondo il merito e dava ordine e civile trasformazione». Un'ammirazione che si ritrova nel famoso incipit dello storico Gibbon: «Nel secondo secolo dell'era cristiana l'impero di Roma comprendeva la parte più bella della terra e quella più civile del genere umano». Sappiamo che c'era anche il resto, i milioni di schiavi, il sadismo comune all'aristocrazia come alla plebe, le terre migliori distribuite, anche qui, ai legionari: «Agri eorum pars optima cohortibus praetorianis data». Ma da queste pietre tagliate, da questi archi tesi su valli impervie continua a proporsi l'amaro interrogativo su una storia che, mentre avanzava il tempo, si metteva ad andare alla rovescia e arrestava, distruggeva il grandioso tentativo di stabilire una legge comune, una circolazione mondiale delle idee, degli uomini, delle risorse. Tutto improvvisamente interrotto, spezzato, deformato, Roma ridotta a ventimila superstiti vaganti per i fori e il campo di Marte con le pecore al pascolo. Qualcuno ha detto: «Il mondo è vuoto dal tempo dei romani». Quella grandezza è stata irripetibile. Dalla colonna romana del Piccolo i cristiani hanno tolto la «pietra lucente» degli arabi e messo una statua di san Bernardo. D'inverno il braccio che alza la croce esce dalla neve. L'ospizio sta cadendo a pezzi, non serve più, gli impianti sciistici superano il colle, arrivano fino a La Rosière.

Aoste ville romaine, come Susa. Due archi di trionfo identici eretti davanti alle due città, uno per Cesare, l'altro per Augusto. Le porte romane di Aosta verso la via consolare che arriva da Ivrea vengono usate, nella fiera di Sant'Orso, dagli artigiani della valle che espongono le loro merci e il loro alpestre artigianato. Come i popolani romani fra le grandi rovine nei disegni del Piranesi, nella consumazione del ciclo storico.

L'uomo vestito di bianco

Anche questa è una storia valdostana, durata anni. Ai primi di luglio arrivava a Introd, poco sopra Aosta, un camion della Santa Sede con il mobilio del papa Giovanni Paolo II. I manovali di Joaquín Navarro-Valls da Cartagena, portavoce del pontefice, svuotavano l'alloggetto della signora Irma Gavazzi Chévrère, in località Les Combes, vicino al convitto estivo dei salesiani. La signora Irma non poteva fare obiezioni, il villeggiante era il papa, se ne lamentava con rassegnazione: «Non riesco a immaginarlo in casa mia, cambiano tutto». Intanto il sindaco di Introd Osvaldo Nausin, cinquantenne, capocantiere regionale, ordinava di togliere i banchi dalle scuole elementari per metterci i lettini dei poliziotti, un centinaio in paese, trecento nella zona. Nessuno ha fatto i conti, o li ha resi noti, della spesa per lo stato, pare sia stata di un miliardo e mezzo tutto compreso, una sciocchezza per tanto ospite. La marchesa Maria Letizia Calami, padrona del castello di Introd, rinnovava ogni estate la speranza mai esaudita di una visita del Santo Padre, il capo del dipartimento forestale della regione Alberto Cerise preparava i settantasei itinerari per le passeggiate del pontefice, cioè le strade interpoderali vietate al transito. L'anno scorso chiesi al signor Cerise un permesso di percorrerle, me lo fece avere per i mesi di novembre e di dicembre, quando sono coperte di neve, impraticabili. I preparativi si intensificavano a fine luglio: le monache carmelitane di Quart scrivevano a monsignor Giuseppe Anfossi, vescovo di Aosta, prelato di bella presenza e di modi liberali, perché raccomandasse al papa una visita al loro convento; il sindaco di Valtournenche ricordava al padre salesiano don Luigi Baseta la promessa di una gita papale al Breuil; il giovane Leo Martinet di Arvier mandava a Les Combes una cassetta di vino Enfer, su cui i cronisti avrebbero fatto spassose battute del genere: «Il papa ha gradito l'Enfer»; un architetto di Quart stava già disegnando la cappella a forma di gabbiano per la messa all'aperto; e il canonico Alberto Maria Careggio preparava scarpe e calzettoni di lana per accompagnare nelle sue gite l'illustre ospite. Il quale, come si sa, è un uomo anziano che ha subito una ferita grave nell'attentato in piazza San Pietro e da allora lotta in modo indomito contro i suoi malanni e le sue debolezze. Rare riprese televisive lo hanno sorpreso nei boschi di Combes, si vedono i rami di abete muoversi, scostarsi, e lui appare, vestito di bianco, a capo nudo, con il viso forte per un attimo illuminato dal sole. Fa qualche passo, si ferma, respira con l'aria la sua stanchezza e il suo sollievo, si riavvia lentamente. Il portavoce Joaquín Navarro-Valls da Cartagena dava ai giornalisti versioni caute ma veritiere: «Camminiamo in silenzio, ogni tanto il papa si ferma per pregare, per meditare, poi in silenzio riprendiamo il cammino». Ma i cronisti aumentavano i chilometri e le ore, facevano persino un conto finale, ma non potevano seguire il pontefice, il severo Cerise teneva segretissimo l'itinerario scelto e, una volta passata la jeep papale, piazzava sulla strada un posto di blocco poliziesco. Così i cronisti si trovavano tutte le mattine alle 11 nella saletta del municipio loro riservata dal sindaco Osvaldo Nausin e si mettevano d'accordo sulla grande notizia della giornata: «Una vecchia valligiana di By si è trovata improvvisamente di fronte al pontefice ed è scoppiata in lacrime» o «Una profuga vietnamita che lavora in un albergo di Cogne è caduta in ginocchio davanti a lui, su un sentiero della Valnontey». Come nelle storie dei miracoli e di quelli che hanno visto o parlato con la Madonna, c'erano sempre pastorelle o umili contadini, mai un alto borghese o altra persona di scarsa fede. I cronisti inventavano anche le grandi notizie alla rovescia: in visita a Cervinia il papa avrebbe voluto fare una sciata sulle nevi del Ventina, ma non ne aveva trovato il tempo; oppure in val de Rhêmes avrebbe voluto salire su un ghiacciaio, ma il tempo si era guastato. Sul monte Chétif c'è stato per davvero, due signore di Courmayeur mi assicurano di averlo sorretto per il fondo della schiena in qualche malo passo. «Che cosa aveva detto il papa?» si chiedevano i cronisti anticipando la curiosità dei fedeli. Aveva detto che «la montagna è la cura dell'anima». Il papa poteva dire o sentirsi attribuire le più sublimi banalità come: «Dai luoghi alti si vede meglio il mondo e si cerca di capirlo». Il suo amico polacco e teologo Tadeusz Styczen informava la stampa che «il papa apprezza il piacere del trekking», solo il segretario polacco Stanislao Dziwisz non parlava mai.

Quelli di Introd erano contenti che nel mondo si parlasse di loro e che i turisti aumentassero del venti per cento come i prezzi delle stanze. Sul passaggio del papa restava sempre qualcosa da raccogliere. Il canonico Alberto Maria Careggio veniva nominato vescovo di Chiavari, e doveva obbedire lasciando ai suoi fedeli valdostani un messaggio: «Pascal dice che il cuore ha le sue ragioni che la ragione non conosce. La ragione mi dice che devo partire per fare il vescovo, una grazia straordinaria arrivata inaspettata mentre stavo preparando un conveniente soggiorno al Santo Padre». Il papa arrivava e partiva su un grande elicottero bianco del 31° stormo. L'ultima volta l'elicottero non si decideva a sollevarsi per via di un vento fortissimo, ma il Santo Padre continuava a salutare la folla ben sapendo dall'Ecclesiaste che «nessun potere ha l'uomo sopra il vento». Ma poteva fare a meno del profeta Isaia là dove esorta a salire «sul monte del Signore che ci indichi i suoi sentieri»? A questo aveva già provveduto Alberto Cerise, sovrintendente alle foreste valdostane, prima che ci passasse il papa faceva togliere dai forestali gli alberi caduti e i sassi più aguzzi.

Che papa è questo Giovanni Paolo II? È un papa che ci crede con sofferenza e ferrea tenacia. Un bell'uomo, un bel vecchio, un papa polacco che non ama l'Occidente, la sua storia e il suo prodotto finale, l'uomo consumistico-edonistico. Non è il solo, ma in lui c'è qualcosa di categorico che l'Occidente non capisce. La sua fede antropologica nell'uomo buono di natura, destinato alla salvezza, può essere suggestiva, si può credere o sperare con lui che ciò che c'è di buono nell'uomo non potrà mai essere completamente soppresso, estirpato, ma c'è anche una storia, un'evoluzione che egli non capisce, che rifiuta. È stato un grande papa, è un grande papa nel suo impegno contro «il mondo del male», il comunismo sovietico, è forte e profetico quando si rivolge al Terzo Mondo, ma «è quasi balbettante quando si rivolge alla coscienza dell'uomo occidentale», come ha osservato il professore di teologia Carlo Cardia.

L'uomo moderno è un uomo in profonda crisi, si affida alla ragione per capire il significato della sua vita, ma si trova spesso a brancolare fra le certezze metafisiche nei fini ultimi della sua esistenza. In questa ricerca vede la religione in modo nuovo, più affidato alla sua coscienza che alla tradizione, e vorrebbe depurare il cristianesimo dalle sue incrostazioni, vivere anche la fede in modo libero in un mondo di liberi, ma il papa polacco è uomo di certezze indiscutibili, egli usa le modernità del mondo per ribadire la sua immutabilità. Il suo rapporto con l'Occidente, con gli italiani in particolare, è un alternarsi di fiducia e di estraneità. I fedeli onorano la sua carica, subiscono il suo fascino, ma spesso non lo capiscono e non ne sono capiti. Lui non vuole capire che per la maggioranza dei fedeli occidentali il benessere raggiunto è qualcosa di meraviglioso, di insperato e che bisogna trovare il modo di metterlo d'accordo con la religione e non esorcizzarlo con invettive. Non vuole capire quello che ha capito il cardinal Martini, che l'uomo moderno si è fatto esigente anche con la religione, vuole una religione che lo aiuti in questa transizione, vuole che guardi al benessere come a un dono del Signore. Ma lui, il papa polacco, non si smuove dai vecchi tabù sessuali, ha il chiodo della sessualità dentro la famiglia, rifiuta la contraccezione, non riesce a spiegare perché mai, se la sessualità è giustificata dal concepimento, diventi proibita e quasi diabolica a concepimento avvenuto. L'idea antica che il sesso in sé sia un peccato è fuori dal mondo moderno. Considerare peccato l'inseminazione omologa in cui il figlio nasce dai propri genitori, uniti da un matrimonio legittimo, per trovare nella sua famiglia il miglior ambiente ha qualcosa di arcaico, non ha senso giudicarla violazione della natura, tutta la medicina moderna lo è in certo modo. Non si capiscono certe sue condanne e certi suoi silenzi. Parla dell'Europa come di Babilonia, definisce il presidente americano Clinton un nuovo Erode sterminatore d'innocenti e tace sulle spaventose violazioni dei diritti umani che avvengono nel mondo islamico e tribale. Dice Cardia: «Il suo è un universalismo senza riforme». E la chiesa ha urgente bisogno di riforme del suo maschilismo, della sua condanna sempre meno accettabile del celibato sacerdotale, una norma entrata davvero in vigore nell'XI secolo e di cui non si parla nei Vangeli. Ma questo papa, così generoso nella sua sofferenza e nella sua tenacia, invece di aiutare i riformatori accorda le sue preferenze all'Opus Dei, a Comunione e Liberazione e ad altri integralismi attivistici, sperando di ottenere per loro mezzo un risveglio religioso, senza accorgersi che risvegliano solo associazioni semiclandestine e massonerie cattoliche. Un giorno questo pontefice è stato contestato pubblicamente. «Santo Padre, c'è una cosa che non capiamo» ha detto in San Pietro un giovane cattolico. «Non capiamo l'appoggio ostentato che la curia continua a dare a personaggi come Giulio Andreotti che di certo ha avuto rapporti di potere con la mafia.» Neanche noi laici capiamo. La chiesa è al tempo stesso religione e politica, predicazione del Vangelo e conglomerato di associazioni, di ordini, di opere che hanno introiti e spese come qualsiasi azienda. Si può dunque capire che in mezzo secolo un uomo di potere come Giulio Andreotti, cattolico osservante, vicino alla curia, abbia creato con la chiesa rapporti difficili da dimenticare. Meno facile capire perché questi rapporti continuino con una stretta di mano del papa e un'ovazione dei cardinali il 25 novembre 1995, nella sala Paolo VI. Meno facile capire l'ottusità di alti prelati e dell'«Osservatore Romano» nei riguardi della politica italiana.

II

PER LE COLLINE

Don Conterno

San Fereolo è un martire lionese di storia ignota, è la collina di Langa più avanzata verso la pianura cuneese, è una cappella ottagonale, una grande coppa grigia rovesciata sul verde del prato, visibile da tutta la Langa di Monforte e di Dogliani, è la casa di mia figlia Nicoletta che a guardarla dal basso fa impressione, la sua Montecassino, diciotto stanze, mura in pietra grigia, gli archi, un po' di follia. Stasera ci sarà la grande festa di San Fereolo con il ballo a palchetto che Nicoletta ha voluto come vogliono le donne di sangue inglese, il volto angelico che diventa di marmo. Ma a mezzogiorno si pranza sotto il portico con il parroco di Dogliani, don Conterno, e con i Chionetti, produttori di dolcetto, vino fruttato e medicamentoso. Lui, Quinto, è secco e duro come un nocciolo, con occhi azzurri, brava persona, di quelli così nati per il possesso che sono contenti anche quando gli torna un raffreddore. Lei parla solo se interpellata, di rado, ma nel dolore senza fine per un figlio ucciso di notte da un automobilista ubriaco sta sopra le nostre piccole cose. Don Conterno è sulla settantina, stasera salirà con i giovani di Dogliani alla casa alpina di Chiappera, il più alto villaggio della val Maira. Largo di spalle, dolce di occhi, forte di naso, con subitanei splendori dell'animo.

«Che riscaldamento avete?» chiedo. «A fiato» dice lui. Gli occhi azzurri di Quinto Chionetti si illuminano: «Ah, don Conterno è un tedesco». C'è una vena ghibellina nel cattolicesimo di queste campagne, da chiodo scaccia chiodo, se è cattivo il vescovo appelliamoci all'imperatore. O forse vuol dire soltanto che è uno che non si lascia piegare. I suoi erano contadini poveri dell'alta valle del Tanaro e lui non è stato mai contadino di zappa e di vanga, quando tornava a casa dal seminario per le vacanze il padre gli diceva: «Vai, vai, che è più il danno che fai che l'aiuto». Ma conosce ancora le parole giuste della campagna: «Quel giorno a Chiappera andavo a funghi e sentivo il braccio», il braccio che nella giornata giusta trova e raccoglie. Mi dicono che ha fatto bene il prete, ha studiato, i viaggi nella storia e i giochi degli etimi gli hanno addolcito la vita, ma senza esagerazioni e manie. «Dogliani dal romano Duilius che la fondò o chi sa, dal *dol*, terra lungo il fiume in lingua celtica? Langa dalla tribù ligure langense o da *landa* come lingua di terra, come fondo marino?» Sono passate tante genti da queste parti collinari, tanti che non sapevano scrivere, che non avevano il tempo di scrivere, liguri, celti, romani, ungari, saraceni, lanzichenecchi, angioini, spagnoli, austriaci, ma c'è sempre stato un prete, vescovo o parroco, che scriveva a memoria di tutti, e forse è per questo che noi «non possiamo non dirci cristiani».

Quando ci siamo messi a tavola sotto il portico, don Conterno ci ha chiesto se poteva dire la preghiera, ma senza aspettare risposta, una pura notificazione. Sapevo che sarei entrato in un mondo rituale, ma non avevo alcuna voglia di infrangerlo, perché il rito contadino non è staccato dalla vita, è l'immutabile involucro di violenze e di ferite ancora aperte, per la grandine che sale dal basso e mitraglia le uve sotto le reti, per vescovi o padroni duri, per le fatiche e i dolori. La ritualità contadina non è fuori della vita, le conferisce rispetto e discrezione. «Mi basta un brodino,» aveva detto alla Nicoletta «ho la pressione alta.» Ma due agnolotti con il *plin*, con il pizzico, non poteva rifiutarli, «tanto per favorire».

«Questo,» diceva Quinto versando il suo vino «a ogni pasto non lo sopporto, mi basta un vinello.» E tutti, anche mia figlia mezzo inglese, facevano ruotare il vino rosso cupo nei calici grandi, ne assaporavano il profumo, si dicevano le cose già dette e ridette su come è stato negli anni passati, su come sarà in questo. Stavamo a pranzo sotto il portico sulla collina più avanzata verso la pianura di Cuneo, di fronte alle Alpi per cui si va al mare di Provenza.

Non era come in montagna, dove il mondo sta fra le quinte di roccia o di bosco. Qui il paesaggio è circolare per cui al minimo spostamento delle persone, del vento, delle nuvole, delle luci, tutto si muove, le prospettive cambiano, la piramide del Viso si sposta, la mole del Rosa ora si avvicina e ora si allontana verso il continente, e le valli di Cuneo sono come i raggi di una ruota in movimento, ora a destra ora a sinistra, si spostano le centinaia di borghi e di città, dove sono finiti i ponti sulla Stura?, anche il viadotto dell'autostrada per Savona è un lieve ricamo bianco che appare e scompare nella luce del meriggio. E, guardando i declivi più vicino verde tenero dei prati e marrone delle terre a riposo, senti che è vero quel che dicono da queste parti, che «nella vigna si vive e in casa si muore», qui non ci può essere riparo di casa o di grotta che ti possa sottrarre a questo mare di vigne, a questo bagno di luce, nei rintocchi lontani di campana, nel tempo che ti passa sopra come uno sciame di atomi, nell'arco delle montagne materne, di ciò che è stato e di ciò che è. Forse è per questo ruotare continuo del mondo che i *particular* di qui, i proprietari-coltivatori, alzano sui bricchi degli alberi di riconoscimento: il pino dei Chionetti, il cedro del Libano dei Montezemolo a La Morra e adesso anche la quercia di Nicoletta piantata nel tufo.

Sopra Monforte c'è una selva nera e fitta, ma non a ricordo di vendemmie, lassù si chiusero in estrema difesa i catari poi portati a Milano e bruciati con perenne ricordo in corso Monforte. Don Conterno rende loro l'onore delle armi: «Si buttavano nel fuoco cantando». La Nicoletta serve gli antipasti rituali che tutti ritualmente mangiano, tomini, carne cruda, peperoni con la bagna cauda, e si fanno i discorsi di sempre, si celebra la ritualità in cui sono vissuto, da cui sono fuggito a vent'anni, che mi ritorna nei sogni come un incubo, dove tutto sta scritto per sempre e tutti sanno le cose giuste e le sbagliate, dove tutti lavorano con le mani, non come me che sono uno che scrive, che non è un lavoro per la gente di qui. Che ci faccio fra questi che non sono fuggiti, spaesato nella città, spaesato fra loro? Li guardo, li ascolto. A parole hanno solo certezze, ma io lo so, me lo ricordo, dietro ci sono la paura di vivere e quella anche più grande di morire.

Don Conterno e Quinto hanno la stessa età, sono entrambi figli di contadini. «Dei giorni della mia giovinezza povera» dice don Conterno «mi sono rimasti due gusti che per me sono il massimo, bagnare il pane nel vino e la bagna del *pauvrehomme*.» «Cula bianca o cula rusa?» chiede la moglie di Quinto anche se non interpellata. Don Conterno la mette alla prova: «Lei come la fa quella rossa?». «Verso un po' d'olio nella padella, taglio le cipolle sottili sottili, tengo il fuoco basso fin che non si colorano. Poi aggiungo un po' di salsa di pomodoro.» C'è con noi anche Giorgio Rocca, l'oste stella Michelin di Monforte, sta a sentire attento pure lui, perché la bagna del *pauvrehomme* non è un soffritto di cipolla, ma la povertà che ci si è lasciati alle spalle, e forse qualcosa di più e di più antico, forse quella scoperta delle alchimie degli alimenti e della cottura che cambiò la vita degli uomini.

Giorgio l'ho conosciuto a Monforte quando aveva dieci anni, io ci arrivai con le bande di Giustizia e Libertà scese dalle montagne e, all'ingresso del paese, mi venne incontro Martin, un amico di Limone Piemonte, con il fazzoletto rosso, a cavallo. Un partigiano a cavallo, abbronzato, sorridente. Giorgio era il figlio di Felicin, l'oste che dava da mangiare e da dormire a noi del comando, perché quella era una guerra di popolo, ma i comandanti in Piemonte sono sempre comandanti. Mi ero portato dalla montagna un paio di sci da fondo che avevano stampato sulla punta la testa di un guerriero vichingo e Giorgio non ne staccava gli occhi. Ci incontriamo spesso mentre passano gli anni, ma non siamo mai riusciti a stabilire un altro rapporto da quello magico e irripetibile del bambino che vede arrivare dalla montagna uno strano guerriero con quegli sci sottili che hanno in punta una testa di vichingo. Ci vediamo, ci parliamo ma non è più la stessa cosa. Come se ci fossimo travestiti, negli abiti, nelle rughe, nei capelli, come se non avessimo più il coraggio di essere quelli che eravamo.

Quando arriva il fritto misto, mi piego all'orecchio di don Conterno e gli dico: «C'è una cosa del suo libro su Dogliani che mi ha colpito: ma come faceva quel marchese Manfredi Lancia di Busca e di Dogliani a dare in moglie sua nipote Bianca a Federico II di Svevia, *Stupor mundi*?». «Papia superius» dice don Conterno. «Ah!» dico io. Quinto Chionetti ci guarda con sospetto. Quali segreti ci stiamo confidando? Riempio il bicchiere, lo ruoto dolcemente, e nel profumo mi si svela il mistero: Manfredi Lancia era il rappresentante di Federico, guidava gli armati che da Pavia muovevano alla riconquista dell'impero. Sì, adesso è tutto chiaro, il figlio di Federico e di Bianca, il Manfredi di Dante, «biondo era e bello e di gentile aspetto, / ma l'un de' cigli un colpo avea diviso», aveva preso il nome del prozio, era un paesano. E perché, mi chiedo, la cosa mi faceva piacere? «Senta Chionetti,» dico per rassicurarlo «è difficile potare?» Gli occhi azzurri di Quinto hanno un lampo. Guarda la vigna davanti a noi e dice: «Potare è come scommettere sulla vita. Sei tu che scegli fra vita e morte».

Che ci fa qui in Langa, con i Chionetti e don Conterno, questa mia figlia mezzo inglese? Osservandola mentre arrotondava le palline di ricotta, prezzemolo e aglio trito, mi sembrava di vedere le mani di mia nonna quando faceva gli agnolotti. Ma quelle di mia nonna erano meno nervose, tocchettava di meno. I bicchieri di don Conterno e di Quinto sono ancora pieni. I grandi vignaioli che conosco bevono poco, il vino lo guardano, lo rigirano nel bicchiere come nella corolla di un fiore. Il pranzo contadino non finisce mai, la Nicoletta esce con il piatto delle tome di Roccaverano, «tanto per gradire», e poi ci sarà il *bunet* di crema scura.

Arrivano dei giovani per vedere il ballo a palchetto, ragazzi e ragazze, ma il vento fresco che spira dalle montagne non fa differenza fra giovani e vecchi, abbiamo tutti un po' di capogiro in questo mondo circolare, in questa sfera che se ne va per lo spazio, in quest'anno di grazia o di disgrazia eguale e diverso da tutti gli altri che lo hanno preceduto e che seguiranno. Quanti sono passati da qui che non sapevano scrivere o non avevano tempo di scrivere? Passavano, incendiavano, rubavano, mentre i contadini spiantavano il bosco per metterci la vigna e farsi una proprietà a misura della coppia di buoi, una proprietà vasta quanto una coppia di buoi poteva arare, più quel tanto di bosco, di orto, di canne, di verdure, di capre, di galli e galline necessari alla vita. Per poter bagnare il pane nel vino, condire la polenta con la bagna del *pauvrehomme*. E anche per costruire questa cappella ottagonale che sta come una coppa dei tarocchi rovesciata sul prato verde in onore di Fereolo o Fereol o Frieul, come dicono qui, giunto di persona o di fama da Lione. «I francesi di Napoleone» mi informa don Conterno «ne avevano fatto un deposito di munizioni.» Ma senza rancore, quel Napoleone piace anche ai preti. Era un giacobino, ma uomo d'ordine. Non come quel Branda De' Luccioni che, appena i francesi si ritirarono, arrivò da queste parti con la sua «massa cristiana», una banda di ribaldi cenciosi usciti dalle prigioni e dalle suburre.

Il ballo a palchetto

Per la gran festa di Ferragosto di Nicoletta sono arrivati a San Fereolo gli amici bergamaschi del Bruno, il pittore, suo marito. I bergamaschi sono una tribù camuna sodale e fragorosa anche nella bestemmia. Sulle piste da sci delle valli Brembana e Seriana fioriscono fra i pini girandole di Dio e di Madonne fraternamente insultati e maledetti. Legati non solo al paese natio ma a tutti i paesi della Bergamasca, a tutte le valli della rosa camuna e delle iscrizioni rupestri. Come si incontrano il sodalizio risuona di urli gutturali: «Ma tu hai fatto la scuola a Lovere?». «Sì, ma sono nato a Bratto.» «Te la ricordi quella morosa che avevo a Sellere?» La frase bergamasca è sempre interrogativa, cerca informazioni sulla grande tribù; la nostra cuneese è vagamente affermativa, ognuno dice la sua e lascia che gli altri dicano la loro sempre su cose neutre e non solidali: sul tempo, sui figli, sulle malattie, tanto per riempire di luoghi comuni il disagio degli incontri, perché di affetti e di gesti siamo parchi. I camuni sono molto allegri quando possono lavorare, rendersi utili. Parrocchie, oratori, leghe, sezioni non fanno differenza, a loro piace stare insieme e aiutare gli altri, i luoghi più infetti e disagevoli della terra sono pieni di volontari bergamaschi o bresciani che curano lebbrosi, si fanno trucidare, portano cibi e medicinali ai sofferenti della Bosnia o del Mozambico, forniscono di preti e suore le missioni più sperdute.

Torna il mistero a cui nessuno ha mai saputo rispondere: perché in certe valli si nasce buoni e sodali e in altre sospettosi e maligni, anche se l'aria, i cibi, la religione, la storia sono su per giù gli stessi? Uno dei camuni è arrivato a San Fereolo con le bombole e la maschera da subacqueo. Si è calato nel pozzo che sta nella cucina ed è tornato su con un fucile della guerra partigiana nascosto quando ci fu il disarmo, dopo la Liberazione. I pozzi e l'argilla della Langa conservano le cose di chi ci è passato, fossili di pesci di quando qui era mare, giberne e monete francesi di quando suonavano le trombe di Napoleone e i *grognards* avanzavano gridando: «En avant en avant». Una delle ragazze è fidanzata con un autotrasportatore, suona il suo telefonino e lei corre nella vigna perché non vuole che le sorelle e la madre li ascoltino. Lui di giorno, in tuta blu, carica e scarica con il suo camion, stasera arriverà con la sua Mercedes. La madre di lei ha cinquant'anni, è una bella donna, rimasta vedova ha messo su un'immobiliare che costruisce villette a schiera dalle parti di Volpino e sulle rive dell'Iseo. Adesso le figliole sono preoccupate, la sera, chiuso l'ufficio, lei va a cantare nei locali notturni. Una madre e tre figlie, belle, robuste, allegre. C'è anche un pittore amico di Bruno, della funerea scuola bergamasca, nero su nero, che sembra uno di quei giganti dell'Illiria o del Norico che camminavano coperti di catene e indomiti nei trionfi romani. Ha dei riccioli biondi, fitti, occhi azzurri, un gran naso imperioso, una peluria rossiccia sulle guance, non capisco quello che mi dice in camuno, ma sento che dice cose vere e fraterne.

Il tendone del ballo a palchetto è stato abbassato durante il temporale, ora stanno alzandolo fra urli e risate perché le sacche di acqua vengono giù a doccia. Nella pioggia battente si è infilata una rabbiosa raffica di grandine che però ha risparmiato la vigna della Nicoletta. Mi ha accompagnato a vedere le rovine delle altre, c'era nel suo sguardo, mi è parso, un compiacimento? Ma grandine o non grandine la festa con il ballo a palchetto si deve fare. Ora il tendone brilla lucido nella luce del meriggio e ci solleva sul mondo, come una tenda di nomadi in terre lontane, come una vela, ci ridà quel senso di onnipotenza che avevamo da bambini, di andare su un tappeto volante, di scendere nella profondità del mare, di guardare dall'alto di una torre i tesori del mondo. Il ballo a palchetto è come il circo, arriva, riempie il mondo e se ne va, pali, tendone, colonnine, balaustre, che, scaricati da un camion, domani sul camion ripartiranno. In città nessuno sa più di che si tratti, quando ne ho scritto in un libro, mi ha telefonato uno della casa editrice: «Qui in redazione chiedono cosa sia questo ballo a palchetto». «Digli che va bene così» ho risposto.

Sulla collina di San Fereolo vivono venticinque famiglie contadine, nei registri di un tempo avrebbero scritto venticinque fuochi che rende meglio l'idea di cos'è una famiglia contadina, perché la cascina è il suo fuoco, il suo camino. Negli anni passati ci si accontentava del tiro alla fune, della rottura delle pignatte e della merenda *sinoira*, la merenda-cena, che incominciava quando c'era ancora luce, e nuvole incendiate d'oro e violetto nel tramonto sulle montagne, e andava avanti a lume di candele bianche fin che i tavoli non erano pieni di «candele nere», le bottiglie di vino come le chiama don Conterno. Ma la regina di San Fereolo ha voluto fare le cose in grande. A Milano non le importava niente della gente attorno a lei, era scorbutica, rifiutava gli amici miei e di mia moglie, anche i consigli, anche i privilegi. Qui, dove coltiva la vigna fra altri che coltivano la vigna, si è subito informata dei loro usi e costumi. Lo spaesato che sono osserva questa figlia con lo stupore degli anziani di fronte alla vita che continua, sempre diversa, sempre eguale. Guarda questa figlia che in città non muoveva un dito e che qui ha lavorato due giorni a preparare piatti di carne e di verdure. Le chiedo: «Quanto hai speso per il ballo a palchetto?». Se ne va facendo gestacci, come a dire: «Non vorrai mica rovinarmi la festa?». Passa la Silvia e le chiedo: «Secondo te, quanto ha speso per il ballo a palchetto?». Lei sbuffa, prende a volo il signor Cappellano, che fa il barolo chinato, e va ad aprire le danze con una mazurka. «Tu cosa ne pensi?» chiedo alla mamma del Bruno. Alza gli occhi al cielo, siamo gli unici due della famiglia a chiederci quanto è costato il ballo a palchetto.

Per la festa arriva gente da Dogliani, da Monforte e da Alba. C'è una signora che non si cura del ballo a palchetto, ma si è piantata davanti alle finestre della cucina e guarda, guarda, poi va alle finestre delle altre stanze e guarda, gesticola come una matta, sembrerebbe che la casa le abbia fatto qualcosa di cattivo, di ingiusto. Si accorge che stiamo osservandola, viene verso di noi e dice: «Scusate, ma questa era la nostra casa, di mia madre che è morta cinque giorni fa». Se ne va nella notte. L'abbiamo privata di qualcosa che doveva essere suo per sempre, un rustico cadente ma amato, non questa grande casa appena finita che ha cancellato le sue memorie.

La gente langarola non ha ancora accettato Nicoletta come una di qui. Riconoscono che pota, dà il solfato, vendemmia, fa il vino, ma è ancora foresta. Le donne che lavorano la vigna in Langa e fanno il vino si contano sulle dita di una mano. Per giunta lei è figlia di quello che scrive. Perché lavori la terra senza averne bisogno non l'hanno ancora capito, forse non lo capiranno mai. Quando acquista le uve e tira sul prezzo, compare il sorriso della furbizia ignorante: «Ma lasci perdere lei che le uve se le paga con una gita al Sestrière». Io poi sono uno che raccoglie marenghi d'oro dagli alberi dei libri. Scrivere libri per la gente di campagna è una sorta di magia, invidiata e sospetta. Si parla della famiglia Einaudi, del Luigi Einaudi presidente della Repubblica, economista insigne, rimasta a Dogliani, e un *particular* dice:

«Eh, loro non hanno problemi con quel che prendono dai suoi libri». «Ma no» dico io «cosa volete che venda ancora.» Mi guardano come *n' sociu d'la bira,* un bevitore di birra in terra di vino, uno della compagnia imbrogliona.

Ora la cappella ottagonale di San Fereolo lampeggia nei fuochi d'artificio che Bruno e il gigante illirico fanno partire nel cielo buio, bruciandosi mani e capelli. È arrivata anche gente di Torino, hanno visto le luci sulla collina, saputo che c'è una festa. È arrivato anche il gastronomo, immancabile nei convivi langaroli, con quella moglie segaligna che divora un piatto dopo l'altro, come a dire: posso mangiare tutto quel che voglio e non ingrasso. Poi finiscono anche i fuochi d'artificio, la gente se ne va, due coppie ballano ancora sul palchetto fin che l'orchestrina non dice basta, ma dal buio della notte giunge a folate la tristezza del dì di festa che se n'è andato.

Nicoletta ci ha messo a dormire in una grande stanza al primo piano, ma non prendo sonno. Dicono che l'amore consista nel tatto, ma anche il dormiveglia, tocco e non trovo, non capisco dove sono e poi chi dice che in campagna non ci sono rumori? I cani del contadino abbaiano al passaggio dei cacciatori che per un loro barbaro diritto attraversano il cortile e la vigna quando vogliono. Cacciano i cinghiali che scendono dall'alta Langa, si piazzano sui crinali con i loro telefonini e i cannocchiali, e seguono i movimenti della bestia, come facevano con noi i nazi. Quando ho visto far chiaro, mi sono vestito, sono scivolato fuori dalla stanza, sul balcone e mi sono trovato come sempre nella Langa di Dogliani *ent'la mira d'Nuvel,* in vista del castello turrito di Novello, che si affaccia sul gran vuoto della valle del Tanaro. C'è un banco di nebbie sottile e orizzontale che divide il mondo in due e io come un dio dell'Olimpo vedo sopra e sotto, sopra le montagne dal Marguareis al Viso, sotto la pianura e i suoi cento borghi. Mi piace controllare il mondo dalle alture. In pianura ti senti affondare nella terra, un campo, un filare d'alberi e il mondo è finito. Ho girato per anni la pianura del Po e mi è accaduto di chiedere di un villaggio vicino. Ma spesso non sapevano dov'era, non conoscevano neppure il suo nome, affondati nel loro cerchio di terra morbida. Da qui vedo metà Piemonte, non tutte le duecentocinquanta «città murate» di cui parla Giovanni Botero nella sua *Relazione di Piamonte,* ma una buona metà e benissimo quelle della valle del Tanaro «per la quale passa il traffico fra il Piamonte e la Riviera». Alla parola «Liguria» i piemontesi hanno sempre preferito «Riviera», quella che si vede dai colli del Turchino, di Cadibona, di Nava, le montagne domestiche degli uliveti che scendono a quella piana grigio-azzurra che è il mare.

Non avrà vita facile la Nicoletta sulla collina di San Fereolo. Lei parla come un uomo, come un uomo che comanda, e qui gli uomini alle donne danno la parola quando vogliono. La sola donna che la Langa abbia accettato come una regina era una straniera, Margherita di Foix, moglie del marchese Falletti di Castiglion Falletto e di Barolo, donna di chiesa, pia e generosa, soprattutto con il sovrano Vittorio Emanuele «cui spedì in regalo duecento tine di vino che fecero il loro ingresso in Torino tirate da duecento coppie di buoi».

Il cammino di Annibale

È tornato don Conterno dalla sua casa di montagna a Chiappera. Sono sceso a Dogliani per ascoltare una delle sue prediche alla messa della domenica, una predica da prete colto, chi la capisce bene, chi non la capisce pazienza. Se uno in Langa vuole essere chiaro con tutti, anche con quelli che non capiscono o che fingono di non capire o che non gli importa niente di capire, può fare a meno di parlare. L'importante è il pulpito e il diritto di salirci. I vescovi di Mondovì don Conterno non l'hanno mai capito, prima gli sembrava troppo di sinistra, ora gli sembra troppo di destra, ma lui non è cambiato, paziente con l'innocenza che non perdona dei bambini, attento e severo con l'astuta ignoranza degli anziani. «Vede,» mi diceva «gli anziani li puoi anche ingannare o mettere in soggezione, ma i bambini no, a loro non chiudi né gli occhi né la bocca, se ti passa un po' di nebbia qui» e indicava la testa «se ne accorgono subito, sorridono, ti guardano, ti correggono.» Don Conterno sale a San Fereolo e, dato che c'è, benedice anche la casa. «Ma davvero don Conterno a Chiappera d'inverno vi riscaldate a fiato?» «Nella cucina» dice «c'è il camino e a letto ci si scalda sotto le coperte.» «Quanti anni ci avete messo a fare la vostra casa di montagna?» «Eh, ce ne abbiamo messi, è stata dura, sul posto delle fondamenta c'era una roccia. Se lo ricorda quel passo di Livio sul passaggio di Annibale attraverso le Alpi? "Per tagliare il sasso abbatterono alberi enormi e fatta una gran catasta di legno l'accendono. Quando il sasso è rovente lo cospargono di aceto, lo fanno marcire e squarciano la rupe con le scuri." Noi l'aceto lo usiamo per l'insalata e non avevamo alberi enormi da abbattere, ma un gran fuoco lo abbiamo fatto e la roccia l'abbiamo spaccata. Nella roccia ci sono vene di zolfo che con il calore esplodono, spaccano il granito.»

Ho una gran voglia di attaccare il discorso su Annibale perché sono uno di quelli che nel nostro paese, e credo nell'Occidente, nascono con due curiosità incontenibili – lo sfuggente gioco degli etimi e il cammino di Annibale –, capaci di andare sotto l'arco romano di Donnaz in Valle d'Aosta per cercare la scritta: «Da qui passò Annibale», che si dà per certa anche se nessuno l'ha mai trovata. O che salgono al col de La Seigne per capire se è il *Cremonis iugum* di Tito Livio. «Secondo lei dov'era la roccia di Annibale, nella gola di Pré-St-Didier o vicino all'arco di Donnaz?» Don Conterno sorride: «E se fosse stata a Chiappera, in val Maira?». Annibale è fra noi, sta a cavallo sul valico nell'armatura leggera dei cavalieri numidi, incurante, come i condottieri fatali, del gelo e della fatica. L'eroe abbandonato e tradito dal suo popolo che dovette affidare ai nemici la sua fama. E lo fecero immortale, uomo di una sconfitta più grande di una vittoria. Per i romantici britannici, che per secoli hanno cercato il suo cammino, il suo unico errore fu di non essere inglese. Sempre inferiore per numero, sempre superiore in scaltrezza. Che colpo di genio e di fantasia gli elefanti! Sapeva benissimo che sarebbero stati inutili in battaglia e che non ne sarebbe arrivato uno vivo a Canne, ma la comparsa dei mastodonti dalla lunga proboscide e dalle zanne ricurve ha abbacinato il mondo, ha confuso i testimoni, nessuno dei comandanti dei cinque eserciti romani da lui sconfitti ha lasciato una testimonianza precisa, e da allora siamo andati tentando di risolvere il mistero. A chi credere? Al serio, documentato Polibio che rifece il percorso dal *Cremonis iugum* o col de La Seigne giù per la Valle d'Aosta e che da uomo di buon senso osservava che non c'era nessuna roccia spaccata con il fuoco e l'aceto, ma c'era stata una frana che aveva impedito per qualche giorno il passaggio? Oppure al poeta Silio Italico che stando a Roma, ricchissimo, gran restauratore di edifici gloriosi, fantasticava sul monte superato da Annibale «più alto dei monti Athos, Tauro, Rodope, Pelio e Ossa messi l'uno sull'altro»? O credere alle fantasie romantiche dei Craig e dei Walpole, viaggiatori inglesi, che passando per il Moncenisio ci ritrovavano «le visioni terribili e stupende che ebbe Annibale nella prodigiosa montagna oscurata dai pini lungo il torrente che si frantuma nelle rocce in nebbie di argento»? O degli americani, dei pittori come Cozens che vedevano un Annibale avanzante tra fulmini e crepacci, simbolo dell'attacco dei coloni americani all'impero inglese?

«Lei don Conterno dice che passò per la val Maira? Ma non ce ne parla nessuno storico.» «Lei dice? In una delle più antiche testimonianze si racconta: "E gli abitanti gli vennero incontro agitando rami di ulivo". Ebbene è certo che gli ulivi arrivano fino a Barcellonnette nella valle dell'Ubaye, affluente della Durance, e non più in su. E c'è altro. In Polibio si dice che Annibale chiese ai galli di indicargli un passo "non di roccia ma di terra" percorribile dagli elefanti.» «Vuol dire che passarono dal col Sautron? Quello lo conosco bene dalla guerra partigiana.» «No, dall'altro colle il cui nome dovrebbe dirci qualcosa, il col Maurin, il colle dei mori. Dicono che il nome "Maira" derivi da "Macra", magra, ma il torrente è sempre pieno d'acqua. Quelli dell'alta valle la chiamano "Mehira" che vuol dire transumanza, passaggio di bestie e di gente.» «Però è certo che Annibale arrivò in pianura nella terra dei taurini, che passò per Torino.» «Da Chiappera a Torino» dice lui «c'è meno distanza che dal Piccolo San Bernardo.» «Ma c'è anche il professor De Lavis Trafford, geologo e cartografo illustre, il quale ha studiato per anni i valichi alpini e afferma di avere "ragionevolmente stabilito che il passaggio avvenne per il Piccolo San Bernardo".» «Non lo conosco questo signore» dice don Conterno. Iosia Simmler, il geografo zurighese, ha cercato nel suo *De alpibus commentarius* di mettere tutti d'accordo dicendo che l'esercito di Annibale passò «per diversi valichi» come poi sempre fecero gli invasori dell'Italia. Ma che importa poi conoscere il valico? L'apparizione di Annibale e dei suoi elefanti apre comunque la grande questione, il grande se, la svolta, che avrebbe potuto esserci e non ci fu, dei sedici anni di marce e di battaglie che avrebbero potuto cambiare la storia del mondo per i secoli a venire e non la cambiarono. L'immagine di quell'uomo a cavallo gettata attraverso il grande vuoto dei millenni.

Mi piacerebbe sentire don Conterno sull'altro mistero della nostra storia, quello della «gens cupida, audax, omnipotentis Dei ignara», la gente saracena che piombò su Alba senza lasciare pietra su pietra, il vescovo Fulcardo privato di chiesa e di fedeli, costretto a lavorare nei campi: «Agareni ira pleni, superantes culmina, tam rapaces, tam minaces ut tigres ad sanguinem, everterunt, combusserunt». Don Conterno ne parla malvolentieri: «Cosa vuole, so quello che sanno tutti. Misero una testa di ponte a Frassineto in Provenza e poi occuparono tutti i colli alpini. Da noi per il colle di Tenda scesero nella pianura del Tanaro e nelle Langhe. I nomi ci sono, Gibril, Barbaresco, *payan* da pagano, *moje* da acqua, e poi il moro che batte le ore a Mondovì, i monti e i colli del moro, alcune opere di irrigazione certamente arabe». Lo storico Michele Amari dice che erano «il rifiuto di Africa e di Sicilia che non avevano un grande incivilimento da comunicare altrui». Ma allora perché il breve arco di tempo in cui furono tra noi è rimasto così impresso nella memoria popolare? Perché in un pilone sul monte Bisalta la Madonna sta fra un volo di angioletti e uno di essi è moro?

Don Conterno non leggerà queste pagine. È morto la mattina di domenica 28 luglio nella sua casa di montagna a Chiappera. Si era sentito male durante la messa all'aperto, ma era rimasto con i ragazzi. Stava spiegando perché nel piemontese non c'è il passato remoto, ma si era interrotto: finirò di raccontarvelo domani, adesso non ce la faccio.

Nella vigna si vive e in casa si muore

Le vigne abbandonate sono rare nelle colline del dolcetto di Dogliani, ma stringono il cuore. Se lo sono da molti anni si è formato un manto verde, selvatico, che sembra disteso a onde su antiche rovine: i pali marciti sono caduti, i rampicanti si sono mescolati alla vite seguendo le onde del terreno e i filari, c'è ancora in quel viluppo di rami e di foglie un disegno antico, la fatica di secoli ha avuto la sua giusta sepoltura. La vigna abbandonata da pochi anni è un'altra e terribile cosa, ha ancora i suoi filari, le sue capezzagne, ma è come le trincee del Carso o di Verdun battute dalle artiglierie, pali spezzati, anneriti, contorti, rami aggrovigliati cadenti, grappoli raggrinziti come da una peste, tralci che escono da un mare di gramigna. Quando vede la gramigna Quinto Chionetti alza gli occhi al cielo, la gramigna per chi lavora in vigna è peggio del diavolo. Non ha occhi di bragia, lingua di serpente, è di un bel color pastello, sembra la più umile delle erbe e invece conosce cento inganni, cento insidie, è avida, tenace, zappettarla non serve, usare i diserbanti neppure, bisogna andar giù per un metro di vanga, se no si riprende, si diffonde, succhia le linfe della vigna, invidiosa della sua altezza, dei suoi grappoli, lei che non fa neppure erba per capre.

La vigna abbandonata che fa impazzire i *particular* della zona appartiene alla famiglia Chiusano, una madre, forse viva o forse morta, e quattro fratelli. Uno ha aperto un negozio di macellaio a Carmagnola, due con la madre sono andati vent'anni fa a coltivar fiori nel Nizzardo, il quarto è rimasto qui, nel *ciabot* che sta in cima alla collina. Quella vigna abbandonata è una spina nel cuore dei langaroli, un rovello. A noi cittadini sembra una vigna qualsiasi, ma loro sanno che è vigna buona, non di terra rossa ma bianca, non in un vallone per cui salgono gli alti freddi del Tanaro, ma a *sori*, esposta a mezzogiorno, e ci si arriva per una strada percorribile con i camion anche d'inverno, non è di quelle ripide che franano sotto il peso dei trattori, non è né troppo bassa né troppo alta, sui cinquecento metri, una vigna giusta come poche, e ogni anno che passa la gramigna è cresciuta, i filari qui e là sono caduti. Ci girano attorno i vignaioli del posto, ne parlano in casa, non con gli altri, non si fidano, nella loro testa c'è una viva memoria di cifre, di sospetti, di prezzi che incomincerebbero a salire, di preventivi fatti le cento volte per capire quanto ci vorrà per rimetterla a posto, per le macchine, per i lavoranti. E sarà calcolo, avidità, prudenza, ma anche il giusto rapporto con la terra di chi nella terra ci è nato, ci sta e sa cos'è un buon contratto per un buon lavoro da fare.

Luisin, il fratello rimasto nel *ciabot*, è ormai più di là che di qua, di case come la sua ce ne sono sempre di più nelle colline, le riconosci nelle Langhe come nel Monferrato, sono quelle in cui si muore da soli: un cane abbaia alla disperazione in una casa senza giovani, sui balconi non ci sono più il giallo della meliga né i panni stesi ad asciugare. A farli lavare ci pensa qualche parente che sta in città, passa in macchina, li ritira e li porta in tintoria. Uno steccato dell'orto si è piegato e nessuno lo tira su, un cornicione è caduto e sono rimasti i pezzi sull'aia, il soppalco di un fienile è sfondato, la casa è quasi sempre vuota, chi è vecchio e solo sa che nella vigna si vive e in casa si muore, passando non ti accorgi neppure che c'è, ma c'è ancora, sta al riparo di una siepe, di un albero, non vuole che si veda che è di coloro che muoiono. Luisin è solo, spiato da quelli che stanno attorno alla sua vigna buona. Cammina lento e sospettoso come un animale abbandonato dal branco, con la testa piena di nebbia, ciondolante. Gli altri lo guardano e aspettano che cada. «Luisin, cosa fai?» gli gridano da lontano. Lui si ferma, cerca chi ha gridato: «Come stai Luisin?». Però non lo prendono in giro, non lo «scherzano», non si sa mai, potrebbe accettare di vendere. A volte Luisin si avvicina a chi lo chiama, ha la barba lunga, grigia, è pallido, non si capisce se parli sul serio o da maligno. «Domani» dice «comincio a potare.» «Sì,» gli dicono «è il tempo giusto. Ma da solo?» «Vengono i miei fratelli» dice lui e risale lentamente verso il *ciabot*.

Qualcuno dei vignaioli, senza dirlo neppure in famiglia, va a Carmagnola a trovare Francesco, il fratello macellaio. Parlano di quando erano ragazzi a Dogliani, e andavano insieme ai bagni nel Rea e a rubare pannocchie e mele a quelli di Narzole, fin che il vignaiolo non la getta lì: «Franco, ma quando la vendete la vigna?». Franco non risponde subito, parla con la signora che gli ha chiesto del vitello della coscia: «Sa di quello di una volta, *madamin*, non ce n'è più, li allevavamo a uova e a noci, provi questo sanato di Marene». Poi si volta verso il compagno di scuola: «Ma tu lo sai, Giuseppe, fin che c'è nostra madre non vendiamo». «Credevo fosse morta.» «Ma scherzi? A ottantacinque anni legge il giornale senza gli occhiali e *a l'a tuti i so dent.*» Non puoi mica andare nel Nizzardo, girare fra le serre della collina per sapere se è vero. Qualcuno all'anagrafe di Dogliani c'è stato, ma non è più iscritta da quindici anni.

La terra in cui vivi e che ti dà da vivere è la vita e la difendi fin che vivi. Il senatore Einaudi era stato presidente della Repubblica, si era affacciato al balcone del Quirinale per rispondere al saluto della folla con la moglie, lei aveva agitato con la sinistra un fazzolettino bianco, lui il cappello Borsalino, ma era rimasto della vecchia idea: «Non c'è nulla che dia più gioia a un contadino che posare un piede sulla terra e pensare: "Questa è mia"». Nicoletta è in Langa da quattro anni, ma in questo è già contadina, non si muove più dalla sua terra, anche lei ha capito che è nella vigna che si vive. C'è un sentimento intollerabile per uno di qui: che un altro ti sostituisca come proprietario e faccia rendere la vigna meglio di te, faccia il vino e allevi il vitello meglio di te, e che magari butti giù il *ciabot* e costruisca una casa nuova, come la Nicoletta.

Non lontano dalla vigna dei Chiusano ce n'è un'altra, non abbandonata, ma non potata da due anni, la vigna di Toju Baracun. I filari sono al loro posto, la gramigna è cresciuta, ma si potrebbe ancora spiantarla, sono invece i tralci che mostrano l'incombente rovina, ce ne sono troppi, quelli che non reggono sui fili d'appoggio strisciano a terra, invece di un ramo solo con le gemme giuste ce ne sono tre, all'ultima vendemmia hanno dato tutto ciò che potevano dare, ora sono esausti. Peggio per gli eredi o per chi comprerà. È la vendetta di Toju Baracun. Quando è morta la madre, i due fratelli che stanno ad Alba e lavorano alla Ferrero volevano vendere, ma Toju voleva vivere nella vigna. Così ha detto ai fratelli che la vigna se la coltivava lui, e quelli lo hanno lasciato fare. Per un anno Toju ha potato, dato il rame, vendemmiato, da solo. L'anno seguente pioveva sempre, e Toju ha continuato mettendosi ai piedi e in testa dei sacchetti di plastica e addosso una giacca a vento sdrucita. Sembrava uno spaventapasseri. Poi gli è venuta un'infezione a un braccio e i fratelli salivano da Alba per dirgli che era un matto a continuare, gli avevano trovato un posto in ospizio. Quella sera Toju conobbe la disperazione e decise la sua vendetta. Venne l'estate e Toju non potò, venne l'autunno e non recise un ramo, passò l'inverno, tornarono primavera ed estate, e i rami della vigna cominciarono a cadere dai fili di ferro, a strisciare in ogni direzione, come serpi, qualche palo marcio si spezzò, la gramigna era alta da far paura. Anche Toju stava morendo, la cancrena si era diffusa, bisognò amputare il braccio. Lo hanno salvato, ma lui è morto dentro, uno che non ha più la forza di coltivare la sua vigna non è più niente, ha sbagliato tutto, che almeno chi compra o chi eredita sia costretto a spiantarla, a rifarla, a lavorarci senza frutto per due o tre anni. Toju è ricoverato in un ospedale, ma non si arrende neppure ai medici. La sera passa l'infermiera con le pillole, gli dice due buone parole a cui non risponde, guarda che metta in bocca le pillole e, mentre se ne va e non è ancora arrivata alla porta, sente come dei ticchettii sul pavimento, sa che è Toju che ha sputato le pillole. Ma in fondo ognuno muore come crede.

Il frate nero

Dalle montagne del Cadore si scende verso il mare dei veneziani per un mantello di colline trapunte di nobili città. Alle Langhe si sale, nelle brume della pianura appare la terra promessa, la nube morbida delle colline. Con quegli sfondi alpini che mutano ogni volta, mai visto come questa sera fra i pioppi del Tanaro e le alture di Santa Vittoria d'Alba un monte Viso così ghiacciato e verde-azzurro nel tramonto, così tagliente. Il mondo non si lascia vedere in una sola volta, da questa strada continuo a scoprire castelli, ville, chiese dinanzi a cui sarò passato mille volte. Per andare a San Fereolo passo a Barolo davanti alla casa del Pira, che fu l'ultimo in Langa a pigiare le uve con i piedi e un giorno si buttò nel pozzo lasciando le tre sorelle a chiedersi il perché. E poi salgo a Monforte. Lì la strada discende per qualche centinaio di metri e poi curva all'osteria del ponte: c'è ancora una scritta scolorita, la casa è cadente, una porta di legno grigio chiusa sulla polvere e i ragnateli delle stanze. Lì era il cuore del nostro mondo partigiano, arrivavano i comandanti di banda per discutere dei lanci, per spartire le armi, le divise americane color nocciola, e chiederci chi poteva aver rubato il fusto con la striscia rossa, con le cose strane degli americani, pillole per restare svegli, benzina rosa in una sacca di plastica traslucida, mai vista prima, stecche di Chesterfield.

Il vecchio Conterno non era proprio un oste, ma un padrone di vigne che aveva affidato ai figli, e stava lì all'osteria per sentire quelli che vanno per Langa, sentirli raccontare. Per secoli la comunicazione orale è stata l'unica in queste colline per cui non passavano treni o carrozze di posta, ma solo i barocci di quelli che portavano vino in Liguria e ne tornavano con l'olio e le acciughe, e sapevano le cose. Noi riferivamo all'osteria del ponte i nostri discorsi di guerra e i nostri progetti di pace, e il vecchio Conterno li scioglieva nel vino, saliva dal crotto con le bottiglie di barolo e diceva: «Queste è meglio che ce le beviamo noi e non i tedeschi, le avevo tenute per il matrimonio dei miei figli». Quanti doveva averne di figli!

Mi fermo davanti all'osteria abbandonata, vado a guardare le finestre che danno sul retro, sul fossato per cui fuggimmo quella sera che entrò nell'osteria una donna vestita di nero e agitava le braccia e diceva: «I tudesc, i tudesc». Vestita di nero, lì a Monforte, come alla Ruà del prà in val Maira, come al Piasco in valle Varaita, che non fosse sempre lei, la nostra Pallade Atena contadina che arrivava a salvarci? Per quel fossato entrammo in una delle battaglie partigiane che fanno esplodere una dolce sera in frammenti infuocati di spari e di paura, in un correre tra i filari, dentro il crepitio delle *machine pistols*, quei terribili grigi soldati della Wehrmacht alle prese con un mondo sconosciuto, fermi a un bivio a consultare le carte, a interrogare contadini ammutoliti dal terrore, autoblindo che sprofondano nel terreno argilloso, una banda partigiana trincerata su un bricco che spara qualche raffica, poi la inquadrano con un cannone e i partigiani si buttano nel bosco di noccioli. Ma è la vigna la salvezza. In queste colline di luci e di venti cangianti, sotto questi cieli così tersi la vigna resta il centro immobile della difesa, con il reticolo dei pali e dei tralci, come una falange, come un campo trincerato. La vigna la feriscono solo la grandine e la gramigna, non gli invasori, perché bruciare case, uccidere uomini, impiccarli si può, ma spiantare migliaia di vigne è dura, e forse non lo vogliono neppure i tedeschi di Germania perché anche loro hanno memorie contadine e sanno che le case, le bestie, il grano li puoi rifare in un anno, ma per ripiantare una vigna e portarla a fruttare ce ne vogliono cinque. Il vino ci vuole, ti sfama più delle minestre di orzo o di avena, ti fa volare al di là delle colline. In città i forti bevitori vengono chiamati alcolisti, qui *ciucatun*, e mettono allegria. La vigna ha vinto in tutti i tempi, più forte delle invasioni, della lotta per le investiture, del vai e vieni di eserciti e di bande, un palo accanto all'altro, i tralci legati al filo di ferro in centinaia di filari, più forte dei marchesi di Saluzzo e di quelli del Monferrato, più forte dei re di Spagna e di Francia, dei nobili cavalieri che seguivano «il nostro re Francesco» come ricordava Montaigne nei suoi *Essais*, più forte delle emozioni della morte e del piacere di vivere. Gli invasori erano forti e, arroganti, convocavano i contadini e ordinavano: «Il marchese e principe di Brissac, con immediato exigere, ordina che ogni fuoco di Monforte porti al castello di Perno una botticella di vino e staia di grano dieci». Un altro duca di passaggio, ma bene informato, pretendeva «venti botti di vino ma che sia della Bussia», un grande cru del Barolo. Ma la vigna resisteva, la gente di vigna sopravviveva, anche oggi la cascina di Langa ti dà l'impressione di una piccola arca con i suoi animali, i suoi attrezzi, la sua gente da salvare per il domani, il pozzo come un duro ombelico che il vento non può smuovere.

Dopo il grande rastrellamento ci spostiamo a Costigliole d'Asti. Sono con il comando a Villa Da Fara, quando dicono che un frate vuole parlarci. È alto, con una gran barba, la tunica marrone dei francescani. Da dove viene? Dove va? Dice di venire da Cuneo, diretto a Ovada. Mai saputo che a Ovada ci sia un convento di francescani, ma che ci sia o non ci sia non ci importa. Da tempo abbiamo capito che da noi non c'è nulla da spiare, siamo sempre in bella vista con i nostri fazzoletti verdi e rossi. Dovremmo interrogarlo, ma dopo quindici mesi di guerra partigiana la voglia di interrogare le spie e di fucilarle è passata, e magari non c'è mai stata. Ora che ci ripenso quella guerra ha avuto la durata giusta, la parabola giusta, la certezza di vincerla che ci veniva dalla guerra grossa, dall'avanzata angloamericana le toglieva ferocia, la trasformava con il passar dei mesi in una festa in pieno sole. Il frate dice le sue menzogne in modo così scoperto che non stiamo neppure a discuterne. Credo che lo abbia capito perché ci benedice di fretta e se ne va. Due giorni dopo una colonna tedesca entra in Costigliole. Scendiamo anche noi in paese aggirandolo in modo da trovarci al fondo della strada maestra. I tedeschi sono laggiù al principio della strada. Avanziamo al riparo dei portici e adesso lo vediamo, il frate nero, sta con i tedeschi, alto e scuro come un uccellaccio da rapina. Tutti sparano, tutti fuggono, come sempre. Solo i morti stesi sull'asfalto non si muovono. Ora tornerò al comando di Villa Da Fara e scriverò il rapporto per il comando piemontese: «Dopo aver respinto un attacco tedesco a Costigliole la decima divisione Giustizia e Libertà ha ripreso il controllo delle strade per Asti e Canelli». Non è successo grosso modo così?

Per andare a San Fereolo passo per i miei ricordi. Un po' spaesato lo sono. Mi sembra strano che la gente non mi riconosca, che le sorelle Pira siano morte, che il parroco di Monforte abbia un'altra faccia, che sia pieno di automobili e che abbiano fatto una grande cantina bianca sotto una piscina, quelli che comperano il vino che vedono quelli che nuotano sopra le loro teste. In guerra avevamo poche macchine fotografiche, e non era consigliabile usarle, tutto è rimasto affidato alla memoria che ricorda solo ciò che vuole. E su quella ondeggiante memoria si sono già depositate altre ondeggianti memorie, nel giro degli anni e delle stagioni, nel giro delle cameriere ventenni con le gote rosa che durano nei ristoranti due o tre anni e poi si fidanzano, si sposano, ne arrivano delle altre che adesso portano il grembiulino bianco sulla gonna nera, nel ritmo frenetico che ci vuole la domenica per servire i duecento o trecento tedeschi di Germania. Sono tornati, un po' più anziani, un po' più grassi, ma sempre con quella faccia. Sono cambiato anch'io, è cambiato il mondo, ma provo sempre una punta di stranezza nel vedere che tutti se ne vanno in giro tranquilli, non ci sono più posti di blocco ed è sparita anche la Pallade Atena vestita da contadina che arrivava a salvarci all'ultimo momento. Un giorno, salendo a San Fereolo, vedrò che persino l'osteria del ponte con la sua scritta scolorita è scomparsa, e c'è uno spiazzo in mezzo ai capannoni delle fabbriche.

L'alluvione

Piove da tre giorni e qui a Milano è buio alle quattro del pomeriggio. Aspettiamo un'alluvione: in Piemonte, a Genova, nella valle dell'Arno, dovunque. Abbiamo costruito case nel greto dei fiumi, gli argini sono fragili, la montagna è abbandonata. Facciamo i nostri soliti lavori, telefoniamo, mandiamo dei fax, stiamo in riunione, mettiamo lo stufato sui fornelli e aspettiamo l'alluvione. Il Po è al limite di guardia, il Tanaro è già debordato a Ceva, ma è una cosa da poco. Telefona alle cinque Nicoletta dalla casa di mia sorella Anna a Torino. Il contadino Stralla l'attende sotto con il camion. Hanno scaricato il vino e ora tornano a San Fereolo. «Il Tanaro è uscito a Ceva,» dico «fermati da Anna.» Lei cambia discorso. Ritelefona due ore dopo da Roreto, uno dei paesi che stanno sulla riva sinistra del Tanaro, quattro case, il feudo dei Petiti di Roreto. Che feudo! Da Roreto la strada che scende al Tanaro segue il muro e il bosco di una villa, e poi c'è la terra di nessuno che arriva al fiume. I carabinieri li hanno fermati al ponte di Cherasco. Non è crollato, ma l'acqua è a pelo della strada. «Cercate un albergo» dico. «Stralla» dice lei «vuole arrivare a casa, prendiamo l'autostrada per Savona e cerchiamo un passaggio. Tu cosa fai?» «Non so, forse usciamo per cena.» «Divertiti.» Allegra come la sua gioventù nella notte di tempesta.

Ero allegro anch'io quando lavoravo alla cronaca in un giornale di Torino e il Po ruppe a Occhiobello. Si era formato un immenso lago da Rovigo a Adria, al mare e, a poca distanza dalla rotta, le acque si erano già placate, sembrava che quel grande lago fosse sempre esistito, che le case e i campanili emergenti fossero così da sempre, con le montagne del Cadore che si riflettevano nell'immenso specchio grigio-argento sotto l'azzurro del cielo, sotto le nubi. Percorrevamo il lago sui mezzi anfibi dei vigili per salvare la gente che era salita sui tetti, senza più casa e bestiame, ma vivi, agitanti le braccia o un panno bianco. Scivolavamo con un dolce sciacquio sul grande lago, fermo come in quei giochi d'infanzia dove tutto è possibile, navigare fra le case, attraccare alla croce di un campanile, tirare a bordo capre e galline, fra urli, abbracci, senza lamenti, grati al buon Dio di essere ancora in vita. Due erano rimasti sulla forca di un albero, i vigili li tirarono giù come ingessati dal freddo. Si entrava in Adria, non per la via principale, ma per un canal grande, acqua alta due metri tra facciate veneziane, poggioli marmorei. Su uno c'erano le puttane del bordello, una si era avvolta in una bandiera tricolore, qualcuno diceva sottovoce che oggi facevan l'amore gratis. Le alluvioni, le guerre, i terremoti in cui chi muore giace e chi vive fa l'amore. Era un mondo capovolto, di immensi specchi, navigavi sulle nuvole, sulle case, sugli alberi riflessi dall'acqua, non riuscivi più a distinguere il solido dal liquido, partivi da Rovigo su una strada asfaltata larga e diritta fino in capo al mondo, e improvvisamente ti trovavi su un imbarcadero, c'era il cippo bianco del km 15 e poi la strada affondava nel lago, ne indovinavi il percorso dai pali del telegrafo. Il cielo era pieno di uccelli saettanti o altissimi in larghi giri, con i loro cento linguaggi e la loro allegria in un mondo liberato dai fumi e dai fragori.

La nostra alluvione piemontese è arrivata nel buio della notte ed è un'alluvione triste, che la televisione sta facendo arrivare in tutte le case in modo ossessivo, su tutti i canali, ventiquattr'ore su ventiquattro, acque nere, fluenti, alberi divelti, pompieri, volontari, sindaci, con passaggi da un luogo all'altro, ma sempre identici. «Andiamo a Borgo Ticino. Ci sei Fulcheri?» Fulcheri è uno degli ignoti dipendenti della televisione che solo le alluvioni e i terremoti fanno comparire sul video. Si è messo un cappellaccio, una cerata, sta sotto i riflettori con il microfono in mano, circondato da persone dalle facce ossute, dalle occhiaie profonde, stralunate, i testimoni popolari per la muta conferma: è vero, c'è l'alluvione, c'è una nera fiumana che travolge tutto, noi siamo qui per testimoniare nella notte, attorno a Fulcheri. E c'è anche il sindaco di Borgo Ticino appena tornato da un'ispezione. «Allora signor sindaco?» «È tutto sotto controllo.»

Nel mondo in cui si succedono alluvioni, terremoti, esplosioni, sequestri di persona, stupri, disastri aerei, inflazione, terrorismo, in cui belle o brutte le cose vanno per conto loro, tutto è sotto controllo. C'è un invisibile capostazione che regola i semafori e gli scambi, non importa che gli aerei cadano, i treni si scontrino, che le acque ti arrivino in casa e che la terra sprofondi, tutto è sotto controllo. E allora noi possiamo cenare, leggere, andare a letto, ci sono i Fulcheri a vigilare per noi, ai loro posti da Ceva ad Alba, ad Alessandria. Ma con l'angoscia neppure i Fulcheri funzionano, l'angoscia è una bestia unghiuta che ti sta dentro e non si muove, come se non ci fosse, e d'improvviso ti pianta le unghie nelle viscere, e tu ti svegli madido di sudore, ti butta giù dal letto. Sono le tre del mattino. Telefono a San Fereolo.

Non risponde nessuno, neppure il segnale telefonico, si sente un ronzio ondante di conchiglia, un ronzio che va per spazi senza vita, che arriva a folate con il brivido di acque nere e fredde. Sto seduto sul sofà in pigiama, la mia mente si aggira dentro e intorno a qualcosa di irrisolvibile. Vado a svegliare la Silvia. «Nicoletta non risponde» le dico. Perché l'ho svegliata? Che può saperne più di me? Mi sono aggrappato a lei. Telefono a casa degli Stralla, i contadini, anche lì quel ronzio ondante, l'intero Piemonte del Sud è isolato. Telefono a mia sorella a Torino, poveretta. Ha ricevuto una telefonata di Nicoletta da un bar dell'autostrada, ma non ha capito se andavano verso Savona o se ritornavano. Accendo il televisore, i Fulcheri sono sempre lì, attorniati dalle facce ossute, stralunate, sotto i riflettori, e la fiumana nera continua a scorrere sopra la fragilità di case, ponti, strade. Vado in cucina, apro una scatoletta di tonno, una birra e torno davanti al televisore, come affascinato da quelle acque nere. Stiamo calmi, non perdiamo la testa, forse bisogna andare a cercarla, ma dove? Non riesco a separare un pensiero dall'altro, un mezzo pensiero dall'altro. Ho sempre rifuggito, eluso il dolore, sono sempre scappato da moribondi, funerali, piagati, insanguinati, ma questo amore-dolore che mi preme sul petto non lo posso evitare. I suoi capelli biondi impigliati nelle radici di un albero, l'abito bianco che galleggia sulle acque nere. Morta. Ci siamo visti poco negli ultimi mesi, ma la lontananza è sopportabile, è la morte che non si sopporta, è la separazione definitiva, il nulla che non si sopporta. Tanti anni per crescerla e tutto è finito. Finito quel nostro interrogarci reciproco su perché si amano un padre e una figlia, perché di questo intreccio di forza e di debolezza, di certezze e di casualità. Ho spesso pensato al nostro amore e non ho trovato altra risposta che c'è. Mi addormento, passo da un sogno convulso a un sonno senza sogni, ma in cui sento ancora fitte di dolore, spasimi. Anche gli uomini che fuggono dalla sofferenza possono imparare che cos'è il cuore e che cosa sente. Non sapevo di amarla tanto. Testa matta, testa dura, testa da inglese, ma che mi resta se è morta? Invecchiamo pensando che la nostra vita serva a far vivere gli altri, la tua donna, i tuoi figli, invecchiando viviamo ogni giorno con il dovere di non morire per far vivere gli altri, e poi ti devi arrendere perché gli altri vivono e muoiono nella loro casualità.

Non sarà tornata a Torino da mia sorella? No, avrebbero telefonato. Testarda, perché non si è fermata a Torino, perché se n'è andata con il suo camion e le sue damigiane per strade che stavano affondando nell'acqua nera? Sono le sei, il cielo è sempre buio e nero. Squilla il telefono. Lei? È suo marito Bruno, chiama da Milano, dice che va a cercarla. «Ma dove la cerchi? Per dove passi?» «Io vado.» Telefono alle prefetture, ai municipi. Risponde solo la prefettura di Cuneo. «No, Nicoletta Bocca non c'è nei nostri elenchi dei morti e dei dispersi.» Richiama poco dopo un viceprefetto, gli devono aver detto che ha telefonato il noto giornalista, sostiene che si farà tutto il possibile, che sarò tenuto al corrente. Finalmente il telefono degli Stralla funziona, risponde una delle figlie assonnata, poi viene lei, la moglie, con cui non ho mai parlato, salvo i rapidi saluti. Ma è come se ci conoscessimo da sempre. Non ha notizie, sono come scomparsi nel nulla. Arriva un crepuscolo caliginoso, il nero del cielo si imbianca, i Fulcheri sono sempre di guardia a fiumi e a valli che non hanno più forma, sono una fiumana biblica attorno a cui c'è un impotente agitarsi di uomini, di ruspe, di facce bagnate dalla pioggia, di cerate rilucenti, di comunicati che non spiegano, di tecnici che non sanno, di vane assicurazioni: «Stia tranquillo, dottore, che appena sappiamo qualcosa...». Le ore non passano, il mattino è una pena intollerabile, a mezzogiorno telefonano da Bra: «Pronto, carabinieri di Bra, sono il maresciallo Rebaudengo, abbiamo trovato sua figlia, gliela passo». «Ehi, vecchia quercia, come stai?» «Come sto io? Ma dove ti eri cacciata?» «Al cinema.» «Al cinema?» «Sì, non si poteva telefonare, davano *Balla coi lupi*, ma che ti prende vecchio padre?» Mi prende quel che prendeva mia madre quando me ne andavo via per mesi a correre sugli sci e, se era caduta una valanga dove stavo, telefonava ai sindaci, ai pronto soccorso, agli ospedali, a me che forse ero al cinema come Nicoletta. E, se non avevo avuto paura io, perché doveva averne avuta lei?

Le piccole cose

Ci sono pochi notabili in Langa, terra di *particular*, di piccoli proprietari, troppo indaffarati a coltivare la vigna, a fare il vino e a venderlo per occuparsi dei notabili. Nelle memorie scritte se ne parla sempre con una vena di rivincita. Del conte Camillo Benso di Cavour che aveva castello e terre a Grinzane si ricorda che piantò i vitigni di Borgogna ma non ne ricavava nei primi anni buon vino e il re Vittorio Emanuele lo canzonava: «Signor conte, quando ci farà assaggiare il suo buon vino di Grinzane?».

Poi c'è il presidente della Repubblica Luigi Einaudi, di cui sento sempre ripetere una storia che magari non sarà vera, ma che per i contadini di qui lo è. Il presidente ha un vecchio cappello bucato e un giorno il mezzadro gli chiede se glielo può vendere, perché in Langa non si regala niente. Il presidente ci pensa e dice: «Va bene, te lo do per cinque lire». Poi va a Roma per qualche mese e il mezzadro fa aggiustare i buchi del cappello. Arriva l'estate e i due si incontrano: «Che bel cappello hai, me lo vendi?». «Ma è quello che mi ha venduto lei.» «Ma il mio aveva i buchi.» «Li ho fatti aggiustare io, ho speso due lire.» «Allora facciamo così, tu mi vendi il cappello, io ti restituisco le cinque lire, meno tre per l'uso, più due per l'aggiustatura dei buchi. Fanno quattro lire.» Il presidente Einaudi, da queste parti, è il padrone esemplare. Hanno conservato i suoi libri dei conti, segnava quante piante c'erano, quando sarebbe arrivata l'ora di ripiantare, quanto sarebbe costato, quanti uomini ci avrebbero lavorato, per quante ore, tutto preciso, lire e centesimi. Qui dicono che, quando lavorava in biblioteca, ogni tanto andava alla finestra e sorvegliava con il binocolo i lavoranti, e poi detraeva dal salario di quelli che si erano messi a dormire sotto un albero. Ma senza malanimo, con ammirazione, era un vero padrone.

L'altro padrone di cui non si parla male è Napoleone, che arrivò da queste parti ventenne, pallido per le divoranti ambizioni che lo condussero per l'Europa fra bandiere, squilli di tromba, carneficine, incendi e alberi della libertà; ma di tutte le cose orrende o meravigliose che fece si ricorda solo il pranzo, che non si sa bene dove avvenne, perché lo rivendicano tutti i villaggi della valle del Tanaro fino a Marengo. A Cervere mangiò una frittata ai porri, a Narzole i gamberi, a Marengo il pollo. Dell'uomo del destino, del giovane pallido vittorioso «Dall'Alpi alle Piramidi» ricordano solo che una sera, ancora impolverato per la battaglia, si sedette a tavola davanti alla sua tenda e il cuoco gli servì quel che aveva trovato sul posto, uova e porri a Cervere, gamberi di fiume a Narzole, pollo a Marengo.

Ci sono persone colte che disdegnano le piccole cose della vita come se non fossero incomparabilmente più importanti di tutto ciò che esse considerano importante. Non le loro chiacchiere, ma la rete entro cui si muove la nostra vita. Una delle piccole cose importanti di qui è il pranzo in trattoria della domenica. Non quello dei turisti, su in Langa, ma dei contadini che hanno finalmente alzato la testa nelle piccole trattorie di fondovalle, sulla riva sinistra del Tanaro, dove comincia la grande pianura che arriva fino alle montagne. Le trattorie stanno lungo la strada che va diritta per la pianura. Quattro case fanno un paese, tutte le case stanno sulla strada, le trattorie hanno le tendine bianche, ricamate che ti lasciano vedere solo una striscia della strada tra le *bealere* di acqua gelida che esalano una nebbiolina e le zolle ghiacciate. Non c'è nulla di meglio che stare a pranzo, al caldo, dietro le tendine bianche ricamate, e farsi finalmente servire e provare il lusso, perché in tutte le trattorie ormai ci sono la tovaglia bianca, i bicchieri a calice, la carta con i cinquanta vini e i venti piatti. I contadini hanno alzato la testa nel mondo, ma quando mangiano la tengono piegata sul piatto, solo ogni tanto la sollevano per guardare se è proprio vero, se è arrivato anche per loro il momento di farsi servire.

Nel pomeriggio, un po' assonnati dal vino, si va in giro per i luoghi canonici come la confetteria Barbero di Cherasco dove le due sorelle, le signorine, mettono i dolci sui vassoi delle vetrine quasi fossero dei diamanti. Il nonno Marco Barbero andò a Torino a imparare l'«arte bianca» e, tornato a Cherasco, aprì la pasticceria: sopra il circolo dei nobili, sotto il negozio, con i tavolini di marmo, i barattoli di vetro, i cartoncini liberty del torrone al cioccolato, le fatture con il marchio liberty della donna dei due mondi. Il nonno Marco viaggiava per il mondo, andò all'esposizione dolciaria di Chicago con i soldi di sua madre, che glieli «diede convinta che Chicago fosse in Europa». Dietro il negozio il laboratorio con tutte le macchine collegate a un motorino, la macina del caffè, l'impastatrice, la macchina per le caramelle, la palla dei confetti. Sono rimaste le cinque macchine per le caramelle con i piccoli rulli bucherellati, fra cui corrono i fogli della pasta zuccherata. Le due sorelle Barbero, le nipoti da una vita, si sfiorano dietro il bancone, si urtano, ciascuna cerca l'altra se si attarda nel laboratorio, si scambiano rapide ammonizioni e la sera sbucciano e cuociono i marroni, li mettono nel bagno di zucchero, li tolgono e li rimettono per cinque volte, mentre il cioccolato fondente si lega alle nocciole di Langa per i «baci». Con quelle loro mani fatte per la confezione delle piccole cose senza le quali la vita non sarebbe la vita ma un aggirarsi fra oggetti informi.

Non ho ancora capito che cosa abbia trovato questa mia figlia nella sua nuova vita, se ne conosca fino in fondo i rischi e le amarezze, ma certo ha trovato le piccole sicurezze che fanno di una vita una vita e non l'aggirarsi fra cose sconosciute o che ti cambiano fra le mani a ogni minuto. Lei adesso sa che a Verduno è appena arrivato un bue da Marene. Enorme, appeso per un gancio a una carrucola che va e viene secondo che voglia il macellaio, il quale con le sue mani sa come muovere seghe e coltelli, e sembra che siano questi a trovare le vene, a risalire lungo le guaine di pelle, come sono capaci di fare solo gli italiani, non gli altri che tagliano a tocchi così come vien viene. Lei sa le piccole cose, dove cuociono il prosciutto nel forno, dove fanno ancora i grissini *rubatà*, perché è sempre in giro per vendere il suo vino o per le analisi, come andava in giro per vendere la sua pasta il nonno dei Ferrero, quelli della Nutella, che adesso vivono a Bruxelles, spendono decine di miliardi in pubblicità e hanno convinto i tedeschi di essere anche loro dei tedeschi, quelli del Kinder.

Non mi stanco mai di guardare i miei simili che sanno ancora usare le mani, che hanno un filo diretto fra il cervello e le mani, le quali ora obbediscono ai loro voleri e ora sembrano precederli, e mi ricordano mia zia Ines che era come l'ape delle monete, con la testina rotonda, le antenne, occhi rotondi, il corpicino snodabile, sempre intenta, la zia, a succhiar polline e a fare miele, con quelle sue manine che ricamavano, cucivano, modellavano i cappellini per le *madamin*, mettevano le cifre sulle lenzuola e sulle federe dei cuscini, e si svegliava con la gioia di essere utile, *madamin* Bertola, sempre sorridente nelle gite con il club alpino a Madonna del Colletto.

In Piemonte, di una che vuole avere un figlio si dice che vuol comperare un bambino. Un giorno ho detto a Nicoletta: se vuoi comperare un bambino, perché non vai dalla Madonna di Monchiero? Si è girata senza rispondermi. Qualcuno poi mi ha detto che la Madonna di Monchiero è stata interdetta dal vescovo di Mondovì. Si erano presentate a lei due sorelle, una sposata e una zitella. La Madonna aveva fatto il miracolo, ma alla zitella. Se si mettono anche le madonne a premiare le peccatrici, dove si va a finire?

Bartolo

Bunet o lobbia, di lana o di feltro, dentro o fuori casa, i langaroli hanno sempre il cappello in testa, cappelli da lavoro, aderenti come i cappucci ferrati dei fanti che seguivano a piedi i cavalieri, contro il sole, la pioggia, il vento, gli sguardi dei foresti, le curiosità dei vicini. Tutti con il cappello in testa nei campi come sul sagrato della chiesa la domenica, in cucina come in cantina. Ciascuno sagomato diversamente, ma eguali. Seduto dietro la scrivania, Bartolo Mascarello ha il *bunet* grigio in testa, ma quando va ai convegni e ai premi letterari anche cremisi vescovile. Bartolo ha un volto pallido, affilato. In queste terre padane Augusto sistemò centomila veterani, ad Alba il padre di Elvio Pertinace imperatore fabbricava tessuti per le legioni. «Tu non sei un celta,» gli dico «tu hai una faccia latina.» «Non so, ma sono uno dei cinque o sei che in Langa fanno ancora il barolo senza il legno, senza le *barriques.*»

La grande querelle del vino fatto con il legno o senza suscita furori e livori da Riforma e Controriforma. Chi lo fa con il legno, con le *barriques,* sa di essere un eretico che ha violato una millenaria fedeltà, chi non lo fa sente la fierezza dell'ortodossia. La lampada è sempre accesa nell'ufficio di Bartolo, che dà sulla piazzetta attraversata dalla strada per Monforte. Davanti c'è la casa del Pira, alla sinistra la villa dei Rinaldi che hanno bottiglie ed etichette centenarie. Alla finestra ci sono le tendine bianche ricamate, ma si vedono passare come ombre i pullman dei tedeschi e degli svizzeri che arrivano anche nei giorni feriali per comperare tutto. Ogni tanto suonano alla porta, la moglie o la figlia fanno accomodare i clienti nel salotto delle degustazioni, tutto avviene sottovoce, poi passano nella cantina. Bartolo vede solo i vecchi amici. Sulla scrivania sono sparse le etichette che disegna e dipinge da quando non ce la fa più a coltivare la vigna: stilizzate, a colori vivi, ma a geometria immutabile, triangoli, quadrati, rettangoli dentro la dolce curva della collina, la geometria degli uomini che faticano sotto i cieli azzurrini, a cui anche lui, come tutti, alza la sua paura del nulla e il suo smarrimento di spaesato.

È molto difficile capire o tentare di spiegare che il mondo è cambiato di più negli ultimi cinquant'anni che nei millenni precedenti. Il mondo di prima che conservava tutto, i libri di scuola, i vestiti da sposa, le culle per i bambini, il tavolo da cucina, la madia, gli orologi, i ritratti, le medaglie al valore di guerre patrie, già, la patria, l'esercito, il milite ignoto che cinquant'anni fa erano ancora pietre miliari, presenze sacre. E anche le piccole cose essenziali, i buoi al giogo, i muli, scomparsi nel genocidio dei più forti, dei più pazienti, dei nostri amici animali, le rane di risaia, i solai, le cantine, gli arrotini, gli spazzacamini, i gelsi, i bozzoli di seta, le piazze del mercato con le piramidi d'oro, le caldarroste, le riviste militari, le fotografie del re e della regina, le *neiges d'antan*, i peschi selvatici che crescevano alle capezzagne dei filari, con frutti piccoli ma dolcissimi, che ora in questi terreni sfruttati fino all'ultimo umore, caricati di concimi, diserbanti, anticrittogamici non ne vedi più uno, e i pochi che crescono non danno frutti. Spenta la specie rara degli innestatori, e ora anche il vino come lo si è fatto nei millenni, senza il legno, senza le *barriques*, con il gusto e la gradazione che gli dava l'annata, e non questo lavorato che ha ogni anno la stessa gradazione e lo stesso gusto, alla francese, che come dice il vignaiolo Giacosa: «Stappi una bottiglia e hai un concerto di profumi. Poi bevi e si nascondono sotto il tavolo, si attenuano a ogni bicchiere fino ad assestarsi su un morbido che va bene a tutti, anche a quelli che del vino non sanno niente. Se poi lo lasci lì per due o tre ore è imbevibile. Noi i *fund d'la buta*, i fondi della bottiglia, li teniamo per giorni come il vino migliore per gli amici». Bartolo Mascarello il censore. Con il barolo a trentamila, quarantamila lire la bottiglia e con un cru come il Canubi non ha più preoccupazioni di bottega. Ma sta sul passo di Roncisvalle contro gli invasori che mescolano barolo a cabernet, barbaresco a merlot, li passano in *barrique* e poi gli danno nomi strani.

«Bartolo,» gli dico «mi fai leggere la lettera che hai scritto al conte Vallarino Gancia?»

«Quale?» dice lui.

«Il Gancia della S.p.A.» Le tiene su una mensola alle sue spalle, può prenderle con una mano senza alzarsi, in ordine cronologico. «Vediamo, eccola qui: "Caro presidente".»

«Presidente di cosa?»

«Della Gancia S.p.A. "Caro presidente, lei mi consentirà qualche modesta osservazione sul modo di coltivare questa terra, a questa latitudine, in questo clima. Da mio padre e da mio nonno ho appreso che il terreno di una nuova vigna va zappato e rivoltato per la profondità di un metro e tenuto mondo da ogni infestazione di erbe. Le barbatelle vanno seguite poi per tre anni, mondate da ogni erba, su terrazzini sorretti da muri a secco. Vedo invece che lei e il suo vicino conferente Michele Chiarle, seguendo il consiglio di un professore, che io caccerei con forche e forconi, avete fatto un piccolo scasso, non vi curate delle erbe infestanti e, invece di costruire i muretti a secco, rimboccate il terreno e sperate che l'erba lo tenga assieme. Temo che lei confonda lo sviluppo con il progresso, la quantità con la qualità."»

«E cosa ti ha risposto il presidente della Gancia S.p.A.?»

«È venuto a trovarmi, ha bevuto un bicchiere del

mio barolo, mi ha fatto i complimenti e poi mi ha detto: "Vede Mascarello, lei ha ragione, ma io il barolo lo farò lo stesso con gli enologi e con le *barriques*, avrò un grande ritorno d'immagine e, grazie alla mia rete commerciale che arriva in tutto il mondo, lo farò pagare il doppio del suo". Io allora gli ho detto: "Caro presidente, lei con i soldi può comperare le vigne, i tecnici, i pubblicitari e anche le barche, perché vedo dai giornali che lei e i suoi figli siete spesso alle Maldive o ai Caraibi, ma con i soldi non potrete comperare la cura quotidiana della vigna e della cantina che solo un buon vignaiolo può dare".»

«E lui?»

«Lui si è messo a ridere, continua a fare il suo barolo e, siccome ha in tutto il mondo dei clienti che non sanno niente del barolo, lo hanno molto apprezzato e ringraziato per averglielo fatto pagare il doppio del mio.»

Bartolo sa di essere un perdente con le sue trentamila bottiglie contro i milioni degli Antinori, di Fontanafredda, degli Zonin. Ma la prende bene, con ironia: «Sai cosa hanno scritto gli Zonin sui loro dépliant? Hanno scritto: "Negli ottantamila ettari della tenuta Gambellara Zonin elabora i suoi prodotti". Io credevo che il vino lo si facesse, non che lo si elaborasse».

«Sì, ma tu esageri, te la sei presa con quelli del Gambero Rosso perché hanno scritto che "oggi finalmente anche in Langa è arrivata la Napa Valley". Non è mica un paragone offensivo. E te la sei presa anche con Angelo Gaja, a cui dovreste fare un monumento, perché è lui che ha sfondato per tutti voi all'estero.»

«Il Gaja vinificatore, non lo discuto, è *le roi*. Ma arriva qualche anno fa qui da noi, fa un buon barolo e sull'etichetta ci mette *Spers*, una parola che, dice lui, "riflette in lingua materna la nostalgia e il desiderio di chi sta in Langa per il barolo". Aspetta, ti trovo la lettera.»

Le sue mani magre e nervose devono riconoscere le lettere al tatto, la trova subito: «Caro Angelo Gaja, mi complimento con lei per il suo barolo, ma lei mi ha fatto trasalire. Un nome di fantasia al posto di barolo?».

«Mi hanno detto che hai attaccato anche il mensile dell'Unione vinificatori.»

«Be', quella è stata una precisazione scherzosa. Mi arriva in omaggio e ci trovo nelle prime pagine una citazione di Mussolini sul "bevitore che vive più a lungo del medico che glielo ha proibito". Gli ho suggerito di sostituirla con quella di De Amicis: "Il vino che fa alzare, il calice, la fronte, il pensiero".»

«Che ci succede, Bartolo, siamo degli spaesati?»

«Può darsi, ma quando io ero giovane ci voleva almeno una generazione per creare un nuovo *vigneron*. Adesso in due anni sono spuntati come i funghi. Coraggiosi, intelligenti, anche grandi lavoratori, ma travolti dal successo. In tre anni il prezzo del barolo è salito dalle sette alle trentamila e più la bottiglia. E, siccome le trattorie che spuntano anche loro come i funghi non ce la fanno a crearsi una cantina di lunga durata, non ce la fanno a capitalizzare il vino a quei prezzi, lo vogliono di rapida beva, invece di un barolo pronto dopo cinque o sei anni, ne vogliono uno da bere subito. E chi fa il barolo li accontenta con le *barriques* e magari con i tagli di cabernet da cui baroli morbidi che al cliente inesperto piacciono più dei baroli duri e forti. Il turista che viene in Langa una o due volte l'anno di rado conosce il vino, conosce i prezzi, e più sono alti più è convinto di aver trovato il meglio. Quando ero giovane un buon barolo dipendeva per il settanta per cento dall'uva, per il trenta dalla tecnica. Oggi è l'inverso.»

Le roi Gaja sorride affettuosamente di Bartolo, ma Gaja non è spaesato come noi, è un cittadino del mondo, sempre in viaggio dalle Americhe all'Estremo Oriente. Una volta mi diceva: «Scusami, ma non ho il tempo di leggerli, i giornali, li leggo solo al cesso». Adesso deve avere un servizio stampa perché sa tutto di quanto scrivo sui giornali e nei libri. «Quando Bartolo era giovane,» dice Gaja «i vignaioli del barolo erano trenta, adesso sono trecento. Allora non usciva dai confini del Piemonte, oggi lo trovi in tutto il mondo. Oggi non ci sono solo le uve e la tecnica come ti ha detto, ci sono anche le pubbliche relazioni, che agli effetti della vendita sono più importanti. Ieri mi è arrivato un telegramma di un giornalista giapponese di "Vinotecque": "Arrivo la settimana prossima per maialata, spero vederti". Chi ammazza il maiale e fa la maialata è il Valentino di Monforte, un maestro di pubbliche relazioni. Ha costruito una piscina olimpionica, lo sai, no? Io non ho le paure di Bartolo, chi vuol provare a fare il vino si accomodi, vengano pure anche le attrici, i giocatori di calcio e le multinazionali, ma attenti alle scottature. Quelli di

Myfood facevano le cose in grande, avevano costruito uno stabilimento gigantesco per lasciarci maturare le uve del nebbiolo e ricavarne del passito, ma avevano scambiato il vino per lo sciroppo. Hanno chiuso bottega. Quelli che comperano la terra a prezzi folli, credendo di fare un ottimo investimento, aspettare le vendemmie e incassare, non hanno quasi mai consultato il registro delle annate. Negli anni Trenta ce ne furono dieci consecutive in cui non si poté fare né barolo né barbaresco anche se qualcuno ci riuscì con i tagli di vini meridionali. La Langa fu sul punto di spopolarsi. Oggi la corsa agli acquisti si è scatenata dopo che ci sono state tre annate trionfali, l'88, l'89 e la '90. La fillossera sembrava completamente domata, non c'erano grandinate, la domanda cresceva impetuosa. Adesso da cinque anni passiamo da una grandinata a una pioggia senza fine, dalla distruzione alla marcita.» «Angelo, è vero che hai comperato vigna nelle zone del brunello?» «Sì, ma una sciocchezza, trentamila bottiglie.» Nicoletta che ne fa diecimila in tutto impallidisce. A lei, metà inglese, potrei dire: «Com'è lunga la strada per Tipperary».

III

PER IL PIEMONTESISMO

Il duca di Cuneo

Quasi ogni sera il viaggiatore spaesato incontra qualcosa che non è realtà, ma neppure un sogno, qualcosa in cui lui c'è, come in uno specchio. Nel dormiveglia gli appare il duca di Cuneo, sempre alla stessa ora e nello stesso luogo. Un'ora di notte, sulla torre della nostra città, che non è proprio una torre ma un campanile quadrato, sormontato da una loggia quadrata cui si arriva dallo stanzone più alto per una stretta scaletta di legno. Lassù le torce illuminano il grande orologio di un tempo sempre diverso e sempre eguale, che si porta via i vecchi e i morti senza che i giovani se ne accorgano. Il duca sale per la ripida scaletta, esce nella notte stellata, quasi sempre stellata, perché la nostra piccola città non conosce nebbia, si appoggia al parapetto, guarda in basso la strada maestra che taglia Cuneo in due come un fiume diritto, da cui si dipartono diritte le stradine laterali, fino ai bastioni, alti sui due fiumi. Le luci sono rade e fioche, ma dal basso sale il calore dei suoi umili, fieri sudditi che dovrebbe far morire per la gloria sua e del ducato. Il duca non sa bene perché fin dai più teneri anni si prepari alla guerra. Forse perché non è un uomo di chiesa, non è un uomo d'affari e neppure di piaceri, e altro di maschile non ha trovato che preparare la guerra. Il duca vede nel buio il suo ducato che non si trova su nessuna carta e in nessuna storia, lo riconosce dalle luci lontane e tremolanti delle sue città murate, Mondovì, Fossano, Dronero. Ha trentatré anni, l'età di nostro Signore, l'età oltre cui sparisci se non entri nel mondo, ma se ci entri puoi morire, ultima umiliazione di chi non è il figlio di Dio.

Da chi discende il duca di Cuneo? Da chi ha ereditato il ducato? Nessuno lo sa, nella piccola città non ci sono famiglie nobili, palazzi nobiliari. C'è un solo grande palazzo e ci stanno i gesuiti, che non gli perdonano l'asilo discreto che ha dato ad alcuni liberi pensatori fuggiaschi dalle inquisizioni. Dicono che il padre del duca fosse un signore dolce e morboso, di quelli che lasciano a un figlio il vago rimorso di non averlo capito, amato. Di sua madre dicono che era bella, solo che era bella. Il duca è un uomo preciso, nella confusione del mondo. A volte fa pensare a quei terroristi che preparano nei minimi particolari l'assalto a nemici inesistenti. Tutto è pronto, tutto previsto. L'esercito del duca è leggero, mobile, bene armato, il duca si è impegnato a fondo nella preparazione della guerra, anche perché in essa i mestieri, le professioni e le arti sono come ripuliti da ogni aspetto mercantile, venale, come nobilitati da quella necessità superiore che è uccidere il prossimo. Diecimila uomini divisi in dieci brigate, invisibili in città e in pianura, al riparo delle dieci valli che scendono a raggiera, dal Tanaro al Po. Si sa che ci sono nell'oscurità i loro falò, divorano il buio all'ingresso delle valli, come nella notte di San Giovanni. Il comando del duca sta nella stanza più alta della torre, una grande stanza color rosa, lo stesso rosa che qualcuno vede nel momento della nascita. Non ci può entrare nessuno, i dispacci vengono passati per delle feritoie e cadono su un lungo tavolo. Sulle pareti stanno le mappe delle fortificazioni nemiche, delle piazzeforti del Savoia, al centro la cittadella di Torino con i suoi fossati, le controscarpe, i rivellini, i camminamenti a mezzaluna, le trincee. Arrivano anche le relazioni dei nostri agenti a Torino, sempre le stesse: «Ci sono spie in tutte le case»; «Il marchese di Rivarolo è una spia del re, disprezzato dalla corte come fango. Solo il re lo stima»; «L'avarizia del re non ha limite, ha foderato di cuoio l'elsa della sua spada per non guastare l'abito. Porta calze di lana e scarpe a doppia suola»; «Monsignor de Cambis, ambasciatore di Francia, non ha ricevuto un solo invito in tre anni». Questo re sospettoso e vendicativo non piace al duca, salvo che per l'avarizia, ma non riesce a odiarlo, l'odio gli è sempre parso un sentimento improduttivo. Nella stanza del comando ci sono solo due libri, le *Vite* di Plutarco e i *Commentarii* di Cesare. Il duca li sfoglia di rado, li trova deprimenti, sono pieni di tutte le grandi cose che sono state già fatte, che lui non potrà più fare, che forse non ha la voglia di fare. Ma qualcosa di guerresco dovrà pur fare, perché nel suo tempo che altro si può fare? Lo spinge la risolutezza degli irresoluti.

Certe sere il duca si avvolge in un gran mantello nero, esce dalla torre per uno dei sotterranei che percorrono il sottosuolo della città fortezza, si cala il cappello sul viso, cammina per i portici deserti, si ferma davanti alle finestre illuminate delle osterie per guardare coloro che dovrà far morire in una di quelle battaglie che finiscono in un armistizio, e nessuno è ben certo di avere vinto o di avere perso. Ma deve decidersi, non può continuare all'infinito a comperare maestri di guerra, alchimisti, ingegneri che gli fabbricano cannoni, fucili, bombe che il re di Savoia si affretta a copiare corrompendo i maestri di guerra. È deciso, il piano è ardito ma semplice: le dieci brigate uscite nottetempo dalle loro valli avanzeranno su tutto il fronte, lentamente per impegnare il nemico con la loro minaccia, e, intanto, il duca alla testa dei suoi dragoni a cavallo con artiglieria leggera al traino raggiungerà Poirino, salirà a Pecetto sulla collina e, lasciandosi Torino alla sinistra, piomberà all'alba sulla reggia estiva della Venaria, come nella notte partigiana in cui camminammo per ore dalla val Bronda a Caraglio per attaccare un presidio tedesco e l'ululato dei cani ci accompagnava di cascina in cascina e con noi camminava il pensiero degli spari e della morte, che andava e veniva sotto il chiarore un po' assurdo della luna. Non c'è resistenza, il re Amedeo e il principe ereditario Carlo Emanuele vengono sorpresi nel sonno con tutta la famiglia reale, la devota regina Maria Clotilde, le principesse Cristina e Maria Vittoria. Il duca non entra nella reggia. Sta a cavallo circondato dal suo stato maggiore. Il conte di Pralormo è pronto a risolvere la faccenda, indica le stalle per una rapida mattanza. La bocca del duca si piega in una smorfia di disgusto. Sa bene che non si può far la guerra tenendo conto dei principi morali, ma che non si può nemmeno ignorarli. Non ci sono altre soluzioni? A volte il duca ordina che i Savoia siano fatti salire in carrozza con i loro bagagli e scortati fino al Monginevro, che tornino nelle montagne da cui sono arrivati. A volte pensa che potrebbe farsi adottare e sposare la principessa Cristina. E il principe ereditario? Inutile chiederlo al conte di Pralormo, per lui sarebbe già strozzato o pugnalato.

È un tipo complicato il duca. Non è un ingenuo, sa che il male è decisivo e che senza il male non fai un passo, non schiodi un passero dal nido. Sa che il decreto di morte fa parte della vita, che ci sta dentro dalla nascita, che noi uccidiamo per dominare, per difendere, ma che uccidiamo anche per uccidere. Che la terra è un grande scannatoio incominciato con la prima vita e che continuerà sino alla fine della vita. Ma non è solo la morale a cui non vuole rinunciare completamente a fermarlo, è che il meccanismo del male gli sembra monotono, risaputo. Non conosce altro mestiere che quello delle armi, non ce n'è altro nel suo tempo di così virile, lo sventolio delle bandiere e il clamor delle trombe lo esaltano, ma al momento di uccidere gli viene come una nausea. Il duca medita un altro progetto: lascia che il re e i suoi riparino in Savoia e poi convoca a palazzo Madama l'aristocrazia savoiarda. Pensa a un discorso come quelli dei conquistatori che mostrarono ai loro soldati «le fertili pianure di Italia». Nella sala farà appendere una carta d'Italia con le vene blu dei fiumi che si congiungono al Po nella terra nera e grassa su cui sorgono città meravigliose e castelli e feudi per una nobiltà avida. Salirà sul palco e si sentirà gelare la parola sul labbro, seduti in prima fila vedrà i San Martino, i Radicati di Primeglio, i Robilant con quelle loro facce di gesso, immobili e diffidenti, fermi alle magre sicurezze dell'*ancien régime*, ai piccoli ma sicuri feudi pedemontani, alla croce di San Maurizio e Lazzaro, al collare dell'Annunziata che li ha fatti cugini del sovrano. Il guaio del duca è che nel suo slancio giovanile non riesce a essere irragionevole e, come diceva di me l'oste Felicin, *l'è un che i pias nen masè,* è uno che non gli piace uccidere.

Nella sua tenace irresolutezza il duca è come un pendolo. Lo lascio prima di addormentarmi alla conquista di Peschiera e all'attacco di Verona e lo ritrovo al punto di partenza sulla loggia della torre civica, in procinto di dedicarsi a una conquista di cui già sente il disgusto e l'inutilità. Perché conquistare un impero? Perché distruggerlo? Un'oscillazione continua fra i progetti del dominio e gli orrori del dominio, una serie di fughe in avanti, di illuminate premonizioni di fantasie realizzabili che travalicano i bastioni della nostra vecchia città, volano sulla pianura e sulle colline, e poi si fermano come gli fosse venuto meno lo slancio vitale. Una sera il duca si è trovato di fronte a un fatto liberatorio, inevitabile. Dalle parti di Dego e di Montenotte erano risuonate le trombe di Napoleone e con Napoleone non si scherza neppure nelle fantasie del dormiveglia. Che passasse alla testa della sua armata straccione, ma bellicosa, che la guidasse all'assalto del ponte di Lodi, sicuro che lì non sarebbe morto con tutto il resto che gli restava da fare fino a Sant'Elena.

Siamo stati costretti a una diversione, siamo partiti alla conquista del ducato di Genova, al momento indifeso. Il governo non aveva alcuna intenzione di resistere. Senza pronunciamenti, senza grandi lamenti il doge e gli altri che formavano una specie di consiglio di amministrazione di cui erano soci per meriti del sangue e del denaro si erano già ritirati nelle loro ville fra Voltaggio e Monesiglio. A me non dispiaceva la diversione in Liguria perché per noi del basso Piemonte la Liguria è non so se il nostro negativo o il positivo, qualcosa che vien fuori da una diversità, da un'incomprensibilità eterne. La nostra attrazione e paura per la vita segreta dei liguri, dei loro sentieri murati, dei carrugi che odorano di basilico, delle siepi fitte e spinose, attraverso le quali si intravvede un mare verde-azzurro. Gente stranissima che sta sul mare e odia il mare salvo che andarci per commerci, restando liguri, a Odessa, Smirne, Buenos Aires, New York, sempre liguri come nella isola sarda di Carloforte. Grandi navigatori con la paura del mare, con la testa sul mare e il cuore sulle colline, dove l'odioso vento del mare rovina con il suo salino i loro fiori e gli ulivi. Cittadini di una città superba, ma nell'animo sempre contadini che terrazzano montagne e colline e la sera si ritrovano per i canti polifonici. Il duca ha trovato a Genova una città stupenda, piena di meravigliosi palazzi affidati alla servitù di un'aristocrazia che stava in villa, ma certa di tornarvi. Nei secoli del governo oligarchico non si sarebbero potuti trovare un presagio, un lampo di amor proprio, uno scatto di energia patriottica. I «magnifici» volevano la pace ed erano alieni dai «romori». Ma i genovesi non chiedevano altro, non amavano i loro principi, ma si riconoscevano nei loro vizi e nelle loro virtù. La gloria di un condottiero, di un conquistatore consiste nell'adattare il suo genio alla scempiaggine dei sudditi. Ma a Genova era impossibile, la scempiaggine dei liguri non era decifrabile. In alto come in basso, la città, la regione stavano risvegliandosi da un lungo sonno, dovunque era un risuonar di cantieri, un varo di navi, una formazione di equipaggi. Ma noi restavamo estranei e l'uso della forza li avrebbe solo induriti, sarebbero risaliti sulle loro colline ai loro steccati di canne. Il duca volle andare a una riunione dei portuali. Si sentì un foresto, erano minacciosi e irridenti. Così l'ultima volta che l'ho incontrato era di nuovo sulla torre della nostra piccola città. Mi è sembrato pacificato. In fondo chi vince una vittoria?

Il piemontesismo

Andiamo al castello di Masino sulla collina morenica che chiude la piana di Ivrea, nella Versailles piemontese dei Valperga di Caluso. Ne avevo un'idea meravigliosa, anni fa, una Rovasenda, nipote dell'ultima signora di Masino, me ne aveva parlato: «Sono due giornate di tetto». Un'immensità. Un castello nei boschi in vista della Serra e del lago di Viverone. I Valperga di Caluso, più antichi dei Savoia, ma squattrinati, si eran costruiti una galleria rinascimentale con busti di pietra grigia e boiserie fatta con la pula del riso e verniciata. Le querce e gli olmi del parco sono altissimi e nel grande prato si vedono ancora correre i cervi. Premiano tre piemontesi che hanno onorato il Piemonte: Lalla Romano, Umberto Eco e Bartolo Mascarello. Lalla, nei suoi splendidi ottantasei anni, sta seduta come una regina, con il suo cappello rotondo e piatto di quelli che erano di moda nei giorni dell'indipendenza greca. Ha un viso liscio, senza una ruga, una memoria e un'intelligenza che ti chiedi da quali percorsi del sangue arrivino, quante generazioni ci siano volute per produrle, per renderle così diverse dalla normalità. La regina non fa nulla per nascondere la sordità dell'orecchio destro, indica solo con un gesto della mano quello buono, ma non inclina il capo. Lalla parla con voce bassa e continua a una platea di piemontesi venuti per celebrare se stessi: il tema è quello del distacco dei piemontesi colti dalle banalità del piemontesismo e dell'intermittente paura che viene loro per essere piemontesi. «I miei genitori» dice «erano delle persone colte e raffinate, non avevano nulla del cuneese, non mi sono mai accorta di avere una pittura o una poetica piemontese. Per anni ho vissuto a Milano, ricordando pochissimo il Piemonte. Solo quando è morta mia madre e sono tornata per sette giorni nella nostra casa di Vinadio, mi sono venute fuori le memorie. Nella mia vita non ho mai avuto delle grandi passioni, mi sono sempre occupata di letteratura e di pittura, credo in modo serio. C'è qualcosa di piemontese in questo? Non so, ma forse era il modo migliore per rispettare le mie origini.»

Già, vivere rispettando le cose che facciamo, pensare che anche i nostri difetti, i nostri peccati devono essere rispettabili, cercare di conservare una certa compostezza e correttezza e dignità. È piemontesismo questo? No, certo, è di tutte le persone civili, ma è qualcosa per cui i piemontesi hanno rispetto. Ora parla Umberto Eco, l'esemplare sommo dell'intellettuale che si nutre dei suoi pensieri, dei suoi giochi, apparentemente distaccato da ogni emozione. «Lui» dice il filosofo Vattimo, presentandolo, «gioca con le idee come con l'uncinetto, è talmente fuori dalle comuni passioni, talmente privo di ogni sentimento che gli perdoniamo persino il successo. Umberto è un mistero inesistente, al fondo dei suoi raffinati giochi c'è il nulla. I suoi gialli di migliaia di pagine trovano la soluzione in un foglietto in cui ha scritto: non c'è nulla da capire. Forse è un nichilista nietzschiano.» Umberto ride, afferra il microfono e dice: «Può darsi, ma nessuno mi ha visto baciare un cavallo, come Nietzsche, in piazza Carlina».

La principessa Marella Caracciolo di Castagneto, moglie del sovrano Giovanni Agnelli, ha un fremito di piacere, il presidente della Regione Piemonte che le siede accanto sembra incerto su queste frivolezze.

«Il Piemonte?» dice Umberto. «Sì, ho qualche ricordo della giovinezza ad Alessandria, suonavo il flauto e stavo nell'Azione cattolica. E poi l'università a Torino quando conobbi, a filosofia, il professor Pareyson che ci insegnava: "Ogni uomo nasce con una sola idea in testa e le gira attorno per tutta la vita". La mia idea è quella del trauma, solo che non so mai come andrà a finire.» A Umberto, le parole vengono fuori senza fatica, senti che improvvisa, ma ha già in mente la geometria della frase, il momento degli incisi, dei sapienti ritorni, ma stavolta non lo seguo, il nome Pareyson mi ha portato indietro negli anni, a quella mattina del novembre del '44 in cui scendevo con Detto, il comandante di Giustizia e Libertà, a un convegno, da un giovane professore di filosofia di nome Pareyson, in una casa di Piasco, villaggio all'imbocco della valle Varaita. Scendevamo in bicicletta dalla Colletta di Rossana disarmati, in abiti borghesi, ma chi non avrebbe capito che eravamo partigiani? Alle porte di Piasco ci viene incontro una colonna tedesca, i soldati che marciano su due file, ai bordi della strada. Non resta che andare avanti con le mani che stringono il manubrio. Non ci guardano, non ci riconoscono, svoltiamo nella stradina dove sta la casa del professore, un grande portone si spalanca davanti a noi, il professore sta su un balcone del cortile, ci fa un gesto.

Eco ha finito, passa la parola a Bartolo Mascarello, la lezione dell'orgogliosa umiltà piemontese continua: «Sì, è vero, molti grandi uomini sono passati per la mia cantina perché amano i grandi vini. Io sono un modesto coltivatore che fa ventimila bottiglie, ma se va male quindicimila». Ci sono in sala anche il cantautore Paolo Conte e l'italianista Carlo Dionisotti. Conte dice con la sua voce roca: «Il mio piemontesismo è quello di essere nato e cresciuto in Piemonte». E Dionisotti: «Il mio piemontesismo è di un paese di risaia nel Novarese, non duro e rigido come il vostro fra Torino e Cuneo. Un piemontesismo morbido da mangiatori di rane, un po' lombardo». Ha detto bene Conte, il legame a una terra si crea indelebile nella gioventù, con la curiosità del mondo, con l'impatto dei primi piaceri e dei primi dolori. Ma non è così in tutte le regioni di questa terra? Se qualcuno mi chiedesse in che consiste il mio piemontesismo me la caverei come sant'Agostino con la fede: «Se non mi si chiede cosa sia lo so, ma se mi si chiede non so».

Di castello in castello. Oggi andiamo a quello di Manta per vedere il restauro degli affreschi del salone baronale. Entro, spaesato, nel cortile, passo per una stanzuccia. Ma è qui che cinquant'anni fa esplose la gioia della Liberazione? Da ogni valle, da ogni città quella notte del 27 aprile '45 arrivavamo qui per il primo ballo dopo i venti mesi di guerra partigiana. In auto, a piedi, in bicicletta verso il castello illuminato dai falò nella notte stellata. Un castello immenso, una folla immensa, le nostre contesse di Dronero con gli abiti da sera di seta con le paillette, i partigiani che posavano il mitra sotto una panca per farle ballare, una calca festosa, saluti, abbracci, baci, per una serie infinita di stanze, su logge affacciate alle luci palpitanti della pianura, l'orchestrina di Verzuolo con il trombettista della prima banda Nini Rosso. Ma il castello immenso, la festa sono scomparsi in quel lontano turbine di desideri e di felicità, il cortile del castello, così com'è, sarà largo dieci metri, lo stanzone della cucina per una quarantina di persone, i visitatori che salgono al salone baronale devono aspettare il loro turno, una ventina per volta. Dagli affreschi par di capire cos'era quest'aristocrazia di frontiera: sadica, gaudente dietro la stilizzazione cavalleresca. Gli affreschi virtuosi sono quelli ispirati al poema *Le cheva-*

lier errant del marchese Tommaso III: dei nove prodi e delle nove eroine, Carlo Magno, Goffredo di Buglione, il vecchio caro Re Artù, Giulio Cesare *of course*, l'onesto Ettore, il grande Alessandro e anche Giuda Maccabeo, e le amazzoni Pentesilea e Sinope, e, in un gioco di nobili messaggi e desideri d'amore, Delfina, Ippolita, Semiramide, Lampeto, Tamiri e Teuca per l'edificazione dell'amato bastardo Valerano detto il Burdo, padrone del castello. Ma di fronte a loro ribolle di vita e di sesso la fontana della gioventù verso cui muove il corteo dei vecchiardi per buttarsi nell'acqua, dove ringiovaniti si abbracciano, si inseguono, si avvinghiano, e non ci vedi nessuna dolcezza botticelliana, ci vedi piuttosto Gilles de Rais, il barbablù che dispone di vita e di morte delle suddite. Dalle storie pare che Valerano detto il Burdo fosse un brav'uomo che dal castello sorvegliava la via dei commerci per Savigliano e Fossano fino ai possedimenti langaroli: «Non mancherete, il primo zobio dopo Pascha manda qua da noi uno o doy a ciò eleti per ogni comunità, per oldire quello che li volemo. Avete cara la grazia nostra, Dio vi conservi». Una dominazione bonaria, una cultura francese e non spagnola, per i festosi ricchi convivi dei re di Francia Enrico e Francesco, non per il lugubre Carlo d'Asburgo. Nel salone dove si amministrava la giustizia e si dettavano le regole per la gestione della cosa pubblica gli affreschi cantavano le grandi virtù degli antichi ma anche la vita, la lussuria, la libido, i piaceri dei signori contemporanei. I costruttori di castelli conoscevano l'arte delle finestre, come cornici di un paesaggio elegante, fuori dal tempo. Viste dalle finestre del castello della Manta le colline, la pianura sembrano ferme in una loro morbida grazia. Anche Torino, anche il Piemonte sono *double face* come gli affreschi della Manta. Sotto il perbenismo e l'ordine serpeggiano gli inni alla Ca' granda, l'inferno, i filoni magici, l'umorismo nero che vive nel popolo.

Il militar soldato

Dev'essere la metà inglese della Nicoletta che l'ha aiutata a capire i langaroli e i piemontesi. In quella metà ci sono la bizzarria e la voglia di avventura britannica, ma anche il bisogno di regole, di principi. «Sai cosa ho capito stando qui in Langa? Che qui egualitarismo, democrazia, alternanza sono parole prive di senso. Qui cercano, vogliono uno che comanda. Non perché siano servili ma perché se la vita è quella che sappiamo, in cui i forti e gli intelligenti prima o poi, in un modo o nell'altro, comandano, tanto vale che sia chiaro e che sia utile alla comunità.» Un padrone che comanda ma che rispetta te e la tua famiglia, e accetta l'esistenza della legge, un padrone anche odioso ma che non esageri con i privilegi offensivi e umilianti per i ceti inferiori. Un sistema nervoso saldo, un debole sviluppo della fantasia, una propensione al comando e all'obbedienza, quanto a dire una cultura, una tradizione militari, non legate al vincere o al perdere, ma al durare.

Una tradizione in cui le sconfitte sono state celebrate come vittorie: tirando le somme del gran travaglio dei Savoia per ingrandire il loro regno, si vede che i rovesci di qua e di là dalle Alpi hanno superato i successi, ma il regno è durato, nell'ora dell'Unità d'Italia l'esercito piemontese era l'unico in campo. Un esercito che dura anche se perde e ha dei mediocri comandanti. Carlo Emanuele I ordina una collezione di incisioni, il *Theatrum Sabaudiae* della dinastia, e ci stanno anche tre sconfitte, l'assedio di Verrua, la difesa di Castel d'Annone e della torre di Nizza Monferrato. E, a Italia unita, nel 1895 facevano sventrare l'archivio pubblico per toglierne le pagine amare di Carlo Felice e di Carlo Alberto. Ma non era soltanto la voglia della dinastia di apparire vittoriosa truccando le carte, c'era anche orgoglio per l'esercito, amore per l'esercito. Il miracolo di questo esercito è che abbia resistito per secoli a un'aristocrazia ignorante e presuntuosa che forniva quasi tutti i quadri superiori. Il sangue nobile, si pensava in quel patriziato, val più di ogni scienza. Era l'aristocrazia descritta da Alfieri: «La nobiltà piemontese più che tirannica è fastidiosa. C'è nei nobili piemontesi un fatto così chiaro, un io son io e tu sei tu e tu non conti nulla, che poi non dava motivo né di adirarsene né di tollerarlo».

Una tradizione, un modo di combinare l'arroganza con la tenacia, l'ignoranza con il coraggio. Non è che questo compromesso desse sempre dei buoni risultati. Il conte di Bersezio detto il Brezè lasciò l'esercito dopo aver scritto in un saggio: «È cosa rimarchevole vedere i generali più ignoranti fare grandi sforzi per condurre armate numerose a farsi battere da pochi soldati ben comandati». Fino a Custoza, ma ancora nelle guerre mondiali, il sistema di guerra dei nostri stati maggiori è rimasto ostinatamente quello degli schieramenti lunghi, delle avanzate che si perdevano nelle soste prolungate, nelle ricognizioni e negli assedi inconcludenti. Nelle guerre mondiali, ma anche in quelle coloniali: l'offensiva di Badoglio su Addis Abeba dopo mesi e mesi di preparazione. Ma a San Martino i soldati del Regio Esercito di tradizione piemontese c'erano, e anche alla breccia di Porta Pia, e anche sul ponte di Perati. Una tradizione così penetrata nella cultura popolare da continuare fino ad anni recenti in un intreccio quasi inspiegabile in altre regioni.

La tradizione militare aveva la forza invincibile della banalità, dell'immediata comunicabilità dei suoi elementi suggestivi: la disciplina, la fedeltà, il coraggio, la generosità, l'unione di tutti nella diversità della gerarchia. Gianni Agnelli, che ha passato la sua prima giovinezza «godendosi la vita», non può concepire l'idea di farsi esonerare, così come Palmiro Togliatti è andato volontario in guerra, e il sardo Gramsci è talmente piemontesizzato che nelle sue critiche alla storia militare sabauda non manca di sottolinearne «la continuità di personale militare di primo ordine». Sedimentandosi negli anni nella testa della gente, la tradizione militare produceva una cultura dell'organizzazione e della solidarietà, una condizione fondamentale per l'esistenza dello stato. Sta nella tradizione anche il giovane Piero Gobetti, uomo di un'intransigente libertà: «"Andrai soldato?" mi chiedono. "Sì, ho deciso di sì e in verità ho deciso senza esitazioni, senza lotta. La questione non è che un caso di una più ampia concezione del dovere?"». Quello che Gobetti chiama il dovere è nella cultura di un popolo l'accettazione della disciplina come controllo della insocievole socievolezza dell'uomo. L'aver capito che ognuno di noi vorrebbe evitare la sofferenza e inseguire il piacere, ma che questo è il contrario di una buona società.

L'imposizione del potere ma anche un'oscura coscienza che nessun uomo può governarsi da solo, che qualcosa deve difenderlo dalle irresponsabilità della vita. Questa concezione era ancora così diffusa nel Piemonte del 1943 che migliaia di persone sentirono il bisogno militare, più che patriottico, di ricostituire un esercito, anche senza cartoline di precetto, di «raccogliere», come diceva Dante Livio Bianco, «le stellette gettate nel fango dai fuggiaschi dell'8 settembre». Un sentimento militare come patrimonio comune. L'intellettuale Paolo Braccini viene richiesto dal Comitato di liberazione di rappresentare il Partito d'azione nel comando militare e risponde: «Sono stato dichiarato non idoneo a ricoprire il ruolo di caporale. Accetto». Sarà fucilato dai tedeschi al Martinetto.

Nei piemontesi c'è anche l'identità e il confine preciso del golfo di terre fertili chiuso fra le montagne e le colline. Fuori dal Piemonte ci prende una vaga angoscia del confine che non si vede, il non sapere bene dove finisce la pianura lombarda e dove comincia quella veneta o emiliana, che differenza ci sia fra le terre che stanno sopra o sotto il Po come accadeva per i figli di Nicolò d'Este, che «sopra o sotto il Po eran tutti figli di Nicolò». Per i soldati piemontesi il servizio militare era la «naja», una cosa sgradevole, faticosa, pericolosa che bisognava comunque accettare. Anche questo un rapporto antico fra i contadini e la dinastia. I contadini la soffrivano perché imponeva sempre nuove tasse e gli portava via i figli per mantenere un esercito sempre più grande delle risorse del ducato o del regno, impegnato nei rischiosi equilibri tra Francia, Spagna, Austria. Ma quel servizio gravoso aveva posto fine al caos delle contese feudali e delle invasioni, allo scempio continuo dei campi, delle case. La tradizione piemontese è stata per generazioni uno zaino affardellato, pesante. Anche D'Azeglio sentiva il desiderio di voltargli le spalle: «Quando voglio respirare lascio Torino e me ne vado a Milano». Forse l'ultima guerra della tradizione piemontese è stata proprio quella partigiana, a cui partecipò anche ciò che restava dell'aristocrazia. Cantavamo la *Badoglieide*, ma c'erano anche quelli dell'*Oremus pro rege nostro*.

I torinesi

Torino, città seria nelle sue virtù come nei suoi vizi, alleva uomini onesti fino alla morte e ruffiani e ipocriti superlativi, *faus e curteis* quali non incontri in nessun'altra città italiana. *Company town*, città massificata in cui le minoranze intellettuali e religiose stanno come irreducibili cittadelle delle culture protestante, ebraica, salesiana, politecnica. Galileo Ferraris e Norberto Bobbio, Giancarlo Caselli e don Ciotti, rivoluzionari e riformisti casti. Bobbio che dice di no all'aborto, azionisti monogami nell'imitazione del Piero Gobetti dell'epistolario: «C'è anche altro, c'è che volenti o nolenti dobbiamo costruirci una famiglia. Ora la moralità della famiglia e dell'amore, la conformazione e concreazione di due spiriti ha come condizione, per me assoluta, la verginità spirituale e fisica degli individui e naturalmente senza la oscena divisione di molti, di quasi tutti, fra la verginità femminile voluta assolutamente e quella dell'uomo che sarebbe invece ingenuo conservare rinunciando agli ambiti piaceri. Tutto questo viene a concludere che per la nostra verginità spirituale bisogna amare una sola volta e fare eterno il primo amore sicché le nozze siano davvero celebrazione, creazione entusiastica e fatta pura». Erano casti i fondatori del comunismo, in sezione denunciavano Longo e la Noce sorpresi a baciarsi, ed è un puritano anche il giudice Giancarlo Caselli, torinese contemporaneo, che ho incontrato spesso nella stagione effimera del terrorismo e in quella eterna della mafia. Una sera al Piccolo Teatro di Milano si commemorava il generale Carlo Alberto Dalla Chiesa e il giudice Caselli parlò dei processi ai mafiosi. Una lezione severa ma non astiosa, puntigliosa ma non supponente, un'intransigenza a occhi aperti di chi conosce le sue e altrui debolezze, ma non rinuncia alla legge morale. Quando gli ho chiesto della sua esperienza con il Consiglio superiore della magistratura, mi ha risposto: «Mi creda, abbiamo anche fatto del buon lavoro». E a chi gli domandava se era preoccupato per i rischi che correva come procuratore a Palermo diceva: «Credo che i rischi facciano parte della mia funzione di giudice».

Torino come ai tempi di Stendhal è città biliosa e come a quelli di Rousseau scostante, chiusa, ma sa pensare in grande ed è anche fedele a se stessa, alla sua storia, le élite torinesi non hanno ancora rinunciato al Risorgimento, non hanno deposto l'orgoglio di averlo fatto con i loro padri e continuato nella Resistenza, gli è rimasto dentro un pungolo civile, un'eco della Torino prodigiosa di Cavour e di D'Azeglio, non hanno ancora rinunciato alla voglia di fare dell'Italia una nazione europea. Italiani a loro modo questi piemontesi, sudditi di una casata transalpina, che ha perseguito per secoli i piccoli guadagni territoriali, presi foglia a foglia come un carciofo, restia a spingersi oltre il Ticino e gli Appennini, e poi, dopo il '48, pronti ai grandi rischi, alla generosa impresa dell'Italia unita, alla rivoluzione industriale.

Le minoranze ci sono sempre state anche nei periodi più forcaioli dei Savoia, aperte all'Europa, fuori dalla grettezza e dalla violenza della casta militare. Per tali minoranze la FIAT e la sua dinastia sono state la continuazione del regno. In questo potere industriale di tipo monarchico, le minoranze avevano politicamente una scelta obbligata per sfuggire allo schiacciante conformismo aziendale: cercare una protezione nei partiti della sinistra e nelle loro istituzioni culturali. Tenute a distanza ma non perseguitate, guardate con sospetto ma non messe all'indice, un po' ghettizzate ma ampiamente ricompensate dal sentirsi *au-dessus de la mêlée*. La borghesia d'ordine al seguito del sovrano si trasferiva in collina, le minoranze restavano in città, ma senza diventare mai centri di sovversione e di rivoluzione, mantenendo sempre attraverso «La Stampa» legami con il potere. Minoranze culturalmente ambiziose ma anche prudenti, non al servizio del potere economico ma non in aperto contrasto con esso, favorevoli alla sinistra protettrice ma conservando libertà di pensiero e di ricerca, in grado di giocare su molti tavoli, l'editoria di casa Einaudi, l'università, i circoli di cultura, il prestigio. Era una tipica minoranza intellettuale torinese quella che aveva dato vita al Partito comunista, non il «pugno di acciaio» operaista della mitologia, ma un gruppo di intellettuali con i dissensi, gli snobismi, gli orgogli, le insofferenze proprie degli intellettuali. Casa Einaudi ha ereditato questo stile, il suo gruppo dirigente aveva quel tanto di cattiveria che l'intelligenza esige, il gusto del sarcasmo, dell'ironia, il sentimento elitario che era lo spirito santo del gruppo. Fossero liberali come Serini o liberalsocialisti come Venturi, Mila, Bobbio, erano fiancheggiatori del Partito comunista ma fuori dalla disciplina e dalla retorica di partito. Simili ai comunisti dell'«Ordine Nuovo», i Togliatti, i Terracini, i Gramsci che quando parlavano fra loro, se si intrometteva qualche compagno umile ed entusiasta, gli facevano capire che non eran cose per lui. I tratti di costume e di stile che si ritrovano nell'epistolario dei comandanti delle formazioni di Giustizia e Libertà, Dante Livio Bianco e Giorgio Agosti: uniti nella passione resistenziale, ma per cui i partigiani restavano gli «ometti».

Alla fine, a Torino e nel Piemonte la virtù prevalente, però, è quella del buon senso. Le mode che lo ignorano non attecchiscono, in chi le pratica si sente qualcosa di forzato. Il piacevole, il leggiadro, l'intelligenza spumeggiante, fine a se stessa sono tenuti in un certo sospetto, cose che si possono apprezzare, coltivare, ma sempre attenti a non esserne travolti. Proprio come dice Rosario Romeo: «Meno ferocia e più valor militare, meno variabilità e più costanza, meno vivacità e più sodezza». Nella sua biografia di Giovanni Giolitti, Ansaldo dice: «Ogni piemontese è erede di un capitale d'ordine che si fa sentire sempre: può essere ateo, ma ha pur letto il catechismo, può essere marxista, ma non odia il padrone. I piemontesi stentano a vedere la parte abissale della natura umana, pensano che in tutti ci sia un po' di buon senso». Questa permanenza del buon senso, anche nel calore di una rivoluzione, diede di sé uno spettacolo, impensabile altrove, quando alla Liberazione gli operai comunisti occuparono la FIAT e fecero prigioniero, ma con licenza di andarsene, il professor Valletta, che essendo persona di buon senso non se ne andò, perché il vero padrone sta al suo posto per quanto riconosca le ragioni rivoluzionarie dei suoi dipendenti. Tanto più che da un'ora all'altra stavano per arrivare gli angloamericani e i compagni operai, invece di fare la rivoluzione, sarebbero tornati alla voga.

Mi è capitato di presentare un mio libro al salone degli industriali fra l'allora amministratore delegato della FIAT Cesare Romiti e l'allora direttore della «Stampa» Ezio Mauro. All'uscita un vecchio amico mi ha detto: «È stato molto interessante, due terzi di quelli che erano nella sala hanno votato per Forza Italia, ma del tuo libro condividono fortemente una cosa: che tu scrivi peste e corna del loro partito, del suo leader, del suo governo, ma distinguendo fra l'Italia e il Piemonte. E in questa loro ipocrisia c'è un fondo di verità, perché per loro il Piemonte è la FIAT e, se il capo della FIAT presenta il tuo libro, vuol dire che va bene».

La sera mi hanno invitato a cena alla Favorita, uno di quei ristoranti che ci sono solo a Torino, in quello che era lo studio di Cavour al ministero delle Finanze, fra stucchi dorati e porte cigolanti sui cardini. C'erano i dirigenti FIAT e le grandi madame che dettano il gusto e curano il cerimoniale, una vera corte che sta attorno al sovrano e sa che non esiste in Torino altro centro di potere vero. L'amministratore della IFI, la finanziaria del sovrano che è di Murazzano, vicino a Dogliani, mi ha chiesto perché gli attribuisco un parrucchiere personale che lo segue in ogni parte del mondo per curare la sua chioma argentea. Gli ho detto: «Non soltanto la sua, anche quella degli altri alti dirigenti FIAT. Voi, non ve ne accorgete, ma quella chioma così argentata con riflessi azzurrini è la vostra parrucca». «D'accordo» ha detto lui «ma io il parrucchiere personale non ce l'ho.»

Ogni tanto il sovrano cortesemente invita qualcuno dei grandi cortigiani a farsi da parte: hanno rubato troppo o hanno dimostrato un'inaccettabile insofferenza alla gerarchia. Li congeda senza chiedergli indietro il maltolto e con abbondanti liquidazioni. Ma chi esce dall'empireo torinese non se ne dà una ragione, si macera, si ingaglioffa, diventa un'anima perduta. I soldi non sono tutto a Torino, se perdi il favore del re.

IV

PER IL MARE

Morire a Brindisi

È andata proprio come racconta il diario di bordo del *Midva*, il nostro dodici metri che ci aspettava a Brindisi: «1° agosto. La barca sembra a posto, i giovani che l'hanno portata qui da Lerici devono però averla abbandonata di corsa: frigo fetente, punti di scotta e salvagente in coperta, bandiera issata. A bordo Giorgio, Silvia, Nicoletta, Bruno, Davide. Usciamo a vedere il vento com'è. Vento da nord-ovest a 25 nodi. Il primo porto è a Monopoli a 37 miglia, non ci arriviamo più. Viriamo per rientrare e si spegne il motore. Spurgo a mano e riparte, poi sput-sput e si spegne. Entriamo a vela bene, poi andiamo contro il vicino e roviniamo un candeliere. Il serbatoio del gasolio è pieno di sabbia, domattina dovrebbe arrivare l'omino pulisci-serbatoi. 2 agosto. Arriva l'omino e si porta via il serbatoio. All'interno almeno due litri di fanga finissima. Dice che stasera o domani ce lo riporta. Il maestrale è calato un po', ma la radio annuncia una piccola depressione».

Siamo attraccati al molo del club nautico, proprio

davanti al ristorante all'aperto e alla sdraio della professoressa Santucci, che non ha barca, ma viene al circolo dei notabili a prendere il sole e a leggere «il manifesto», cosa che lascia indifferenti i monarchici e i fascisti che sono la maggioranza dei soci. La destra pugliese non ha conosciuto soluzioni di continuità, ha ignorato la guerra civile e l'epurazione, è una destra compatta nei metodi, corriva nei principi, uno può pure leggere «il manifesto» come la professoressa Santucci, può pure avere amici fra i comunisti, purché appartenga al ceto di quelli che si fanno i «fatti loro», i quali consistono principalmente nel trasferire il denaro pubblico nelle tasche private e nella comune evasione delle tasse. La destra barese, per dire, circolava tutta su auto targate Novara in affitto, per non denunciarle al fisco. Una destra rotariana, un concerto dei poteri e delle professioni, giudici e commercialisti, avvocati e commercianti, politici e mafiosi, tutti negli stessi convivi, per combinare raccomandazioni e tangenti. Poi, se la professoressa Santucci vuol leggere «il manifesto», si accomodi. E anche gli aristocratici napoletani, arrivati in Puglia al tempo dei Borboni, con le loro masserie bianche nascoste fra gli uliveti, arazzi e quadri di famiglia, ospitali, gran signori con i contadini che stanno attorno al forno dove cuoce la pizza rustica, senza mozzarella, solo pomodori e cipolla, fragrante, anche loro della Fiamma, dell'MSI, abbonati alla «Gazzetta del Mezzogiorno», amici dell'onorevole Tatarella, Pinu.

La professoressa Santucci legge «il manifesto», io una guida di Brindisi e, anche senza, avrei capito che qui siamo alla fine del mondo, alla colonna dove termina la via Appia, di fronte a un mare verde. Qui morì Virgilio, dice la guida, agonia di un mantovano cresciuto fra i laghi dove fioriscono i fiori di loto, giunto per caso di fronte alla morte, qui alla fine del mondo, in questa calura, nella puzza dolciastra, sotto un cielo snervato dallo scirocco. Quanti giorni siamo stati fermi a Brindisi? Il sole mi svegliava alle otto del mattino e la professoressa Santucci era già lì sulla sdraio, il vecchio cameriere ciabattava fra i tavolini pieni di piatti unti, con i gusci delle vongole e le spine di pesce, la Silvia tirava fuori uno dei suoi romanzi inglesi e si metteva a leggere sdraiata a prua, Davide, lo skipper, trafficava con le sue cime, Nicoletta ungeva Bruno che si lasciava ungere, lasciava che gli facesse bere il tè, che ci bagnasse dentro un biscotto, si lasciava far tutto come uno del lago di Iseo che gli imprevisti della vita hanno portato su una barca, nel porto di Brindisi, sotto la colonna della fine del mondo, in quel porto, in quel mare in cui neppure gli antichi romani si fermavano mai, avanti e indietro per Farsalo o da Filippi.

Mi infilavo i jeans e andavo a piazzarmi dove la stradina del club si allaccia, in stretta curva, alla provinciale, per aspettare l'omino del serbatoio, ed era già un sollievo voltare le spalle al porto. Il porto di Brindisi in agosto può fare impazzire. L'acqua è ferma come in una palude e scura di olio, di immondezze che sembrano attirate dalla vostra barca come da una lenta calamita, si avvicinano, stanno per deviare, ma poi mollemente vi arrivano in pancia in fetido risciacquo. Navi militari grigie e mercantili alla fonda si scambiano segnali incomprensibili, lamentosi. Sul molo della stazione marittima da cui partono e arrivano i traghetti per la Grecia migliaia di giovani attendono di partire infilando un'ora all'altra, stesi sui loro sacchi a pelo nel puzzo di sudore, di fritto e di noia. La città è invasa da profughi albanesi, da contrabbandieri, da prostitute, dagli equipaggi delle navi greche, vecchie carrette del mare, e in questa confusione che va e che viene a risacca, in questa mescolanza di lingue, di valigie, di sacchi, di gente che ha rischiato la vita per varcare il mare restano intatte e ferree le tradizioni familiari del Sud, i battesimi, le cresime, i cannoli alla crema, i babà, i fidanzamenti, i polipi in guazzetto, l'onore, le eccellenze, le orecchiette con le cime di rapa.

Dio mio, morire a Brindisi! Sto per ore seduto sul bordo riarso della strada ad aspettare l'auto dell'omino che è color rosso e a ogni macchina rossa che appare sulla curva mi balza il cuore, dev'essere lui, ma non vedo il serbatoio d'acciaio laminato, quel cubo lucente che sta nelle mie attese come uno dei monoliti divini che in lontani mondi, al primo raggio di sole, sprigionano le loro misteriose energie. La sera ceniamo al ristorante del club, vicino al tavolo della professoressa Santucci che mi chiede del giornale, dell'ingegner Carlo De Benedetti e anche dei matrimoni dei gay e della *par condicio*, ma è molto gentile e a Brindisi sembra in esilio.

Un mattino la professoressa Santucci ha posato «il manifesto» e ci ha chiesto se volevamo andare con lei a cercare l'omino. Per giorni aveva partecipato alla mia sofferenza senza interferire. Siamo andati nell'officina dell'omino, ma il serbatoio non c'era, l'aveva dato da aggiustare al cognato, bisognava saldare un buchino. L'ammiraglio in pensione che dirige il club nautico ha promesso allora di telefonare all'omino. Sul diario di bordo in data 4 agosto – solo quattro giorni? – lo skipper ha scritto: «Ore 12, l'omino non si vede e l'equipaggio si dispera». «Andiamo a fare un giro in città» diceva la Silvia, ma io grugnivo, stavo alla posta tra gli eucalipti della curva, disfatto, disperato.

Una sera, quando già la vampa del sole si spegneva e la professoressa Santucci al suo tavolino riservato aveva ordinato la zuppa di pesce, l'omino è arrivato. Il cubo di acciaio laminato riluceva come il minerale di un pianeta sconosciuto. Hanno lavorato per una mezz'ora, poi lo skipper ha scritto sul diario: «Il motore va. Cambiato il filtro otturato. Pieno di gasolio».

Mi sono riletto i diari di bordo degli ultimi cinque anni: il motore che si rompe non è un accidente, è il protagonista della vita marinara, del masochismo marinaro, si naviga nell'ansia e nell'attesa che il suo battito cali, sput-sput, fino a fermarsi in un rantolo. Il cassone che lo contiene è come l'arca della Torah, nessun profano può aprirla, ci vogliono gli omini. Il Mediterraneo è un mare per cui si passa da un omino all'altro, omini che arrivano in motoretta con la sacca dei ferri a Cannes, a Palermo, a Trieste, ad Alghero, a Spalato, da cui dipende la vostra vita o il libero mare o marcire in un porto, magari turistico, con quelli delle altre barche che stanno per salpare o che vengono a chiedervi la gomma per l'acqua. Gli omini scendono sotto coperta e dopo mezz'ora riemergono con la faccia sporca di olio. Aspetti il loro verdetto, quasi sempre ti dicono che si è rotto un pezzo, ma che devono farlo arrivare da un'altra città. Nel diario del 5 agosto sta scritto: «Usciti da Brindisi ore 19, rotta su Dubrovnik. A motore ma con la randa ben lascata per sfruttare i 15 nodi di scirocco». È una serata tiepida, nugoli di pesci alati, sciami argentei ci accompagnano, l'elica pulsa profonda, il mare ci sale in poppa, la notte indugia là, in fondo al mare aperto che non riposa mai, una voce fatta di cento voci che non tace mai, una forza immensa, una profondità spaventosa. Gli uomini continuano a temerlo e a desiderarlo, tutti i rivieraschi, i liguri, i calabresi, i siciliani, gli voltano le spalle, hanno eretto torri a guardia della distesa su cui regna il principe dei venti, solo Trieste apre le sue piazze sul mare.

Ho chiesto a Davide di passarmi il timone, me lo ha dato di malavoglia. Lui sa che non riesco più a vedere bene l'ago della bussola, anche se metto gli occhiali si appannano o mi distraggo, perdo il vento, un'onda sbatte a prua come uno schiaffo, la vela si affloscia, fileggia, e lui sbuca dal boccaporto e grida «poggia poggia», e io mi chiedo se vuol dire a sinistra o a destra. È una splendida notte stellata, nel buio passano le luci dei naviganti che seguono orbite misteriose, piccole luci di bettoline, ghirlande di luci di navi, che nella notte sembrano calamitate dal nostro guscio, ci vengono addosso. «Davide, Davide» grido, e lui sbuca fuori, guarda e dice: «Ci passano a due miglia». A volte un'onda anomala solleva la barca, non vedo la nave che l'ha mossa, è un messaggio che viene da lontano, un segno di vita nel buio.

Ci sono stelle che ti stanno in prua per ore e improvvisamente non le ritrovi più, erano poco sopra il mare e, solo dopo un po', le rivedi a metà del cielo perché il mondo è rotondo e gira, ma tu che stai al timone lo segui sempre in ritardo. Anche l'alba non la puoi seguire, non riesci a coglierlo il passaggio dal buio al primo chiarore, c'è come un desiderio di luce che si mescola al nero, una fuga delle stelle, ma del momento in cui sorge il sole te ne accorgi sempre dopo. Sono le sei del mattino quando i miei occhi vecchi e stanchi vedono all'orizzonte una nuvola bassa che non è una nuvola perché scompare e poi riappare, sempre nello stesso posto. Terra! Terra! Si svegliano anche il Bruno e la Nicoletta, la Silvia prepara il caffè, come sono felici i terrestri quando ritrovano la terra. Fra due ore la professoressa Santucci arriverà al club con la sua Seicento azzurra, l'ammiraglio Fadda in pensione aprirà la finestra della sua masseria, compagno di giochi subalpini ritrovato cinquant'anni dopo dove sta la colonna che segna la fine del mondo. Che Dio vi assista, ma lasciateci navigare verso il mare di Dalmazia.

Zapuntel

Diario del 7 agosto: «Ci ancoriamo a Zapuntel. Poi scopriamo che il molo di sovrafflutto è libero e ci accostiamo all'inglese. Colpo di vento da nord-est sui 20 nodi, il cielo si è coperto, il barometro è sceso e il vento sale, sale. Il risotto è pronto, si va in tavola. Toc toc. "Do you speak English? A man said you can't stay here, bora is coming." Arriva il colpo di neverino». Il vento della neve, che in Sicilia è il maestrale che arriva dalla valle del Rodano, è qui la bora che scende dal Danubio. Davide sale in coperta, sento i tonfi dei suoi piedi mentre corre a mollare gli ormeggi, si è fatto buio-nero, viene giù una pioggia sferzante, ci spostiamo sotto il diluvio verso nord in un'altra baia. Davide aggiunge una catena e dà fondo su cinque metri. Torna sotto fradicio, siamo nel buco nero del mondo, in mezzo a un uragano che si abbatte sul nostro guscio con rovesci di pioggia e chicchi di grandine che battono sulla nostra testa; dagli oblò si vede aprirsi lontano un chiarore livido presto coperto da nubi nere, l'isola è scomparsa. Dov'è già che ci prese una pioggia così? A Baratti, nel golfo etrusco sotto Populonia, ma lì diventò presto una pioggia fraterna, frusciante che accompagnò il nostro sonno per tutta la notte. Questa con cui la bora ci sferza sembra voglia divellere l'albero, spazzare la coperta, gettarci sugli scogli. Siamo due piccole luci, di albero e di prua, una lucina rossa, una lucina bianca in balia del dio dei venti. Alla fine, come sempre con il neverino, è calma. Mangiamo il riso scotto, ci arriva addosso un dolce sonno in una barca che si culla nel mare placato e cigola, scampanella.

Il fascino della barca è che si va per l'immenso mare, nel suo vento, nelle sue luci, nelle sue tempeste per riscoprire il conforto del ventre materno, il tepore dentro un muoversi di liquidi. Il nostro guscio ha una parete di legno e di plastica spessa meno di un centimetro che deve proteggerci dalle furie del mare e dagli altri. Già, la barca ti dà un sentimento di extraterritorialità, la voglia antica di nascondersi agli altri; barche vicinissime, io che guardo nelle nudità tue e delle tue donne, ma d'improvviso come ci avesse preso il panico, come se fossimo dei nemici ci caliamo dentro il guscio, dentro la sua protezione.

Questo antico desiderio di stare fuori da ogni confine e da ogni legge suscita furie repressive nei custodi dei confini e delle leggi, poliziotti e finanzieri mettono nelle loro ispezioni una rabbia sadica, rovistano, interrogano, ti metterebbero in catene per ricordarti che sei un suddito, se sei in regola pensano a un inganno, sospettosi fanno di ogni minima contravvenzione un dedalo burocratico, un'infinita persecuzione di carte bollate, la più normale verifica diventa uno scontro di classe, voi ricchi che credete di fare i vostri comodi, vi mettiamo a posto noi umili servitori dello stato, ora ci guardate come angeli onnipotenti, e c'è una luce di soddisfazione nei loro occhi quando finalmente se ne vanno. Non sono le loro multe che temiamo, ma la violazione della nostra tana, quasi uno stupro.

La giornata è splendida, al molo è attraccato il postale che arriva due volte la settimana alle nove del mattino. Scaricano i rifornimenti per l'unico negozietto dell'isola che sta nel villaggio a due chilometri dal molo. Stamane il tratturo lavato dalla pioggia è di un rosa tenero. Non si vede un coltivo, da un capanno giunge il raglio atroce di un asino, la macchia mediterranea è fitta e scintillante. Camminiamo alla scoperta dell'isola, scorridori del mare approdati nell'ignoto, chi saranno questi che hanno abbandonato una piccola vigna e più avanti uno stallo per le capre? Il villaggio è fatto di sei case, uomini e donne stanno seduti al sole senza parlare. Guardano la loro vita che passa in una piccola isola fra le ottocento piccole isole della Dalmazia. Sono anziani, non lavorano, campano di pensioni, aspettano due volte la settimana che arrivi il postale che non si sa cosa porti se nell'unico negozietto non si trova né carne, né pesce, né vino. «Dove pesce?» «Da Miro» dicono. «Miro pesca.» Dove sta Miro? Sta in una casa bianca sopra la collina da cui si vedono i due mari. Arriviamo alla casa di Miro tra i fichi selvatici che danno frutti rugosi, piccoli ma dolcissimi. Non vuole soldi, vuole sigarette, due pacchetti per una granseola, un baratto in una piccola isola come duemila anni fa.

È questa la felicità? Siamo in vacanza, siamo una famiglia di brava gente, privilegiata, fortunata, dei semidei rispetto ai poveracci che guardano passare la loro vita seduti davanti a povere case, ma come diceva il poeta «il cielo, non l'animo mutano quelli che se ne vanno per il vasto mare», e noi ci portiamo dietro le invidie, i sospetti, le insofferenze, gli astratti odi, le irragionevoli pretese che nel guscio di una barca si intrecciano come serpi. A Davide, il più dolce ragazzo del mondo, il più tenero dei figli, in barca fermentano rancori generazionali, voglie incontenibili di emancipazione, quasi un odio, il diario di bordo è anche la storia di uno che nel fior degli anni deve portare in giro per il mare un padre padrone: «Nicoletta vuole essere inclusa nel team di quelli che tirano su le ancore anche se ti spelli le mani e le braccia ti dolgono. Ma del lavoro delle "femmine" di bordo non se ne accorge nessuno, specialmente il kapitano ... Ore 5,30 l'armatore si alza a pisciare e sveglia la moglie, che resta tre ore furente nella sua bara senza osare dire verbo ... Buttiamo l'ancora davanti agli scavi archeologici di Pula da cui l'armatore, che se ne frega dei divieti, viene cacciato ... Entriamo a Porto Azzurro, ci ancoriamo, ma il kapitano dice che è un cessetto, dobbiamo spostarci in rada». In barca questo amabile figlio scopre in me un padrone egoista privo di riconoscenza per la ciurma che si logora per servirlo, uno che non sa niente di navigazione, crea impacci all'equipaggio e schiavizza la povera moglie a cui, come madre, tutto è perdonato. Povera donna, sposa, serva del kapitano. Ma forse che io in barca non vengo colto da repulsioni irresistibili, specie per i fidanzati di Nicoletta? Raggiungo la Silvia che si è seduta vicino all'albero e le mormoro: «Ma è orrendo, ma guarda che piedoni, sembra il Cristo del Mantegna». «Cosa dici,» fa lei «con chi ce l'hai?» Taccio, ma guardo con odio il povero Bruno che si è lasciato andare al sonno, pur di non pensare che dovrà stare per altri giorni su una barca che gli dà il mal di mare, insieme all'isterico padre della Nicoletta. Stare assieme in un guscio, gomito a gomito, sudore a sudore, russare a russare! A volte l'odio è così grande e assurdo che si sgonfia in una risata. Una mattina Ippolito, un amico del Davide, dormiva nella cuccetta sotto la mia e il raglio del suo russare mi trapanava gli orecchi. Mi sporgevo, facevo pss pss e lui andava in crescendo. Alla fine mi affaccio e gli do una botta in testa. Apre gli occhi stralunati e in quella capisco che a russare è la Silvia nella cuccetta opposta. L'equipaggio ne riderà per tutta la crociera.

Ho odiato quelli che si bevono una birra dopo l'altra, sei appena arrivato dal negozio con la cassetta di birra sulle spalle e senti già il clic delle lattine che vengono aperte, il glu glu ingordo. Ho odiato le donne che mangiano con la lentezza di un pitone. Eravamo davanti a capo Corso e la bella Paola prende una pesca dal frigo, poi va a mangiarsela a prua, dal boccaporto vedo che la lecca perdutamente, la sua bocca in fiore sulla pelle rugosa del frutto. Poi un piccolo morso, un lento, interminabile succhio e di nuovo la rosea lingua che lecca la pelle rugosa, gli occhi cerulei persi nel godimento. Ma io la butto a mare! Scendo sottocoperta, mi sdraio in cuccetta, lascio che passino i minuti, vuoi vedere che è sempre lì con la sua pesca? Sì, è sempre lì, un morsetto, un lento, voluttuoso succhio. Ma chi avrei davvero voluto strozzare era la Maria, la fidanzata di un amico del Davide. Costeggiavamo l'Asinara, e da un'ora stava in cuccetta a sgranocchiare biscotti. Finalmente si addormenta, ma continua a masticare, nel sonno la sua mano cerca senza trovarlo il biscotto che le penzola dalla bocca. O la donna di Spalato nella trattoria delle rane che sta dietro il palazzo di Diocleziano. Non avevano carne, non avevano pesce, soltanto rane. Lei sola, seduta a un tavolo vicino al nostro, davanti a un piatto enorme con delle rane fritte, grosse come piccioni. Le prendeva con le mani unte di olio, le portava alla bocca e si sentiva lo stritolio delle ossa, come dei compagni di Ulisse nell'antro di Polifemo.

Ma a Spalato tutto si perdona, è una città splendida con un fascino crepuscolare, la premonizione della decadenza ineluttabile di Roma: l'imperatore che si ritira nel villaggio dalmata dove è nato e ci costruisce un palazzo-fortezza da cui guarda, alle spalle, il suo impero come se ne avesse intuito il male inguaribile, anche lui in attesa dei barbari. Per le vie di Spalato vedi uomini bellissimi, i più belli e fieri della terra. Indomabili come il santo Gerolamo, quello del leone, che pregava Dio dicendogli: «Scusami Signore, ma tu lo sai, io sono un dalmata...». La bora e la salsedine li hanno ripuliti, smagriti. Conoscono l'arte dell'ozio. Passano ore nei caffè del lungomare o su uno scoglio in assorte contemplazioni del nulla. Sono passati per gli anni della dittatura e della miseria giocando a pallacanestro e accontentandosi di poco, dei peperoni dolci, delle insalate fragranti, del vino dalmata. Né veneziani, né slavi, ma figli di Diocleziano, marinai e cittadini pian piano riemersi dalle invasioni dei contadini slavi, sopravvissuti nella loro città-palazzo in cui le navi entravano per l'altissima porta a scaricare grano e spezie negli immensi saloni sotterranei.

Polemos di ogni cosa è il padre. Anche della follia. I serbi delle colline hanno bombardato Ragusa-Dubrovnik, pare per estorcere denaro, hanno fatto saltare ponti e dighe, svuotato le centinaia di alberghi, i marina, messo in fuga il pacifico popolo dei bagnanti. E ci hanno fatto capire che la voglia di uccidere ci sta dentro, e non cambia mai. Cadono o mutano le ideologie, la carta del mondo cambia, ma quella voglia serpeggia, fermenta e poi esplode. Quando raggiungevo il Vietnam sorvolando la Thailandia e il Laos, guardavo in basso il nastro argenteo di un fiume: alla sponda destra finiva il mondo della pace, a quella sinistra cominciava quello delle stragi, delle torture. Anche il nostro Adriatico è stato come quel fiume, come quella divisione incomprensibile fra la pace e l'orrore.

Le isole di Vidali

Eravamo a Parenzo e decidemmo di andare a rimettere in ordine la barca a Trieste, al club Adriaco. Trieste è l'unica città di mare che non abbia paura del mare, che a Venezia sta oltre la laguna, è invisibile a Genova, irraggiungibile a Napoli. Trieste è l'unica città italiana dove le piazze si aprono sul mare, dove non c'è fra la città e il mare l'immondo steccato degli stabilimenti balneari, dove il mare è dei cittadini e dove il club nautico è di chi va in barca, non dei ricchi e dei notabili, Trieste è la sola città dove possano vivere uomini del mare come il mio amico Albano che ogni giorno ci scende con la sua barchetta sul tetto dell'auto e va a pescare per cinque, sei ore, nascondendosi fra rami d'albero per ingannare i pesci con cui ha rapporti speciali. Un giorno, in barca mi diceva: «C'è un'orata che mi segue». Prende il fucile, scende in acqua, nuota verso riva e vedo una cosa argentea vicina alle sue pinne, l'orata che si è innamorata di lui. Trieste è l'unica città in cui la spiaggia è libera per chilometri. Uno dei misteri italiani: perché qui gli uomini, la comunità, hanno deciso che il mare è un bene comune, e altrove lo hanno diviso per censo, classi, club, aziende, corporazioni? Il mare libero dà ai triestini scioltezza di spirito e di movimenti come i boschi del Carso.

Vicino al club Adriaco c'è il solarium delle babe, delle triestine, giovani e vecchie, che vogliono prendere il sole tranquille. Ogni tanto i marinai di qualche cargo turco o libanese salgono a vedere le babe nude sui loro lettini, dietro i vetri della porta spuntano baffoni neri, occhi neri. Le babe cacciano urli, la custode del solarium, una donna sugli ottant'anni, arriva con una scopa e mette in fuga i marinai fra le risate delle babe. Ora che è serrata da ogni parte dagli slavi, in cima all'Istria di cui è stata privata, Trieste è città con il cuore nel vento, inquieta: chi ci è nato e ci sta può fare tutto, andare oltre confine, rivedere i luoghi di campagna e di mare che gli appartenevano, andare in Austria, in Ungheria, a Praga e commerciare, stringere rapporti come e più di quando c'era l'impero e questo era il suo maggiore porto. Ma pare offesa nell'orgoglio, come se disporre di tutte le libertà per consenso altrui non le bastasse.

Ho fatto lunghe navigazioni sulla *Issa*, la barca dei Missoni, signori della moda, una gran barca da carico fatta per starci comodi fra profumi di ortaggi, di frutta, di pesci sistemati a trofeo sul cassero di poppa sopra la cucina, tutti che vanno per dondoli o altri frutti di mare, o pescano con il bolentino pesciolini da frittura o scendono per grandi spese e si sta in un giro continuo di buoni cibi, di bagni, di sonni. Ci sono gli amici dell'Ottavio Missoni, triestini, istriani e dalmati che hanno conosciuto questo mare prima della guerra e dell'esodo. Per tutta la navigazione guardano e si dicono: «Ti ricordi? Ti ricordi?». Ti ricordi quella casa, quello scoglio, quella vigna, quegli amici, quella gioventù? Li ascoltavo un po' stupito, come uno che ha pudore delle memorie, difficilmente comunicabili, perché ognuno negli anni le ha aggiustate e deformate a modo suo. Ma in loro c'era il trauma per la terra perduta, addolcito dal tempo ma ancora vivo. La terra perduta, dove possono arrivare su barche da gran signori e comperare quello che vogliono, ma che sembra loro in qualche modo negata, controllata da altri, non più la stessa di prima. O forse per la storia feroce e inutile che sta dietro questo bellissimo golfo, dietro le colline del Carso e della Slovenia.

Quando scrivevo la biografia di Togliatti venivo spesso a Trieste per incontrare Carlos, il compagno Vittorio Vidali, il comandante del Quinto reggimento. Sapevo molte cose di lui, le cose che si trovano nei libri di storia, i viaggi in Messico sulle orme di Trotzkij, il soccorso rosso, la repressione degli anarchici in Spagna, quei rapporti disumani dentro l'umanesimo del comunismo, Togliatti che dopo un colloquio confidenziale a Barcellona gli diceva: «Come sai riferirò a Mosca tutto ciò che mi hai detto». E non era solo cinismo, chi assicurava a Togliatti che Carlos non avrebbe riferito a sua volta? Fra i comunisti dell'età di ferro che ho conosciuto non ce n'era uno che non fosse in qualche modo democratico e al tempo stesso fazioso, fanatico, non uno che non fosse uomo pratico, con i piedi per terra, attento alla realtà e al tempo stesso profetico, utopico. Una cosa che non sapevo era la parte che Carlos aveva avuto nello scisma titino quando Stalin aveva detto del Tito ribelle: «Basta che alzi un dito e scompare», ma li aveva alzati tutti e dieci e Tito non era scomparso. Quanti compagni del territorio libero di Trieste e dell'Istria aveva mandato a morire in Iugoslavia? Quanti operai dei cantieri di Monfalcone che lavoravano per la solidarietà comunista nel porto di Fiume erano stati deportati sulle isole dalmate? Quanti ne aveva fatti sbarcare di notte a Parenzo o a Capodistria? Quanti i torturati nei lager contrassegnati dalle lettere IB che stavano per Inform Buro, l'internazionale stalinista? Era vero che il suo fantoccio era stato bruciato nelle piazze di Pola e di Fiume? Che i processi alle «spie» erano durati fino al '56? Lui mi lasciava parlare, un lampo di attenzione, di memorie, di ironia, passava sul suo volto massiccio sotto il basco spagnolo; che poteva capirne uno che non era stato dentro la «cosa», dentro il grandioso incubo staliniano? Andavamo per le osterie dei portuali, i vecchi compagni comunisti lo salutavano con un sorriso, aveva amicizie imprevedibili. Un giorno, c'era anche mia figlia Nicoletta che frequentava la prima media, ci presentò a una signora vestita di nero con un colletto di pizzo e un cappellino austero. Era la figlia di Cesare Battisti, il martire trentino. Nicoletta la guardava incredula che la figlia del martire fosse una signora in carne e ossa, amica di un vecchio rivoluzionario. Certe sere Vidali raccontava, mai della vicenda titina, inconfessabile storia che ancora gli bruciava, raccontava della Spagna, del Messico, di quando corteggiava la segretaria di Stalin, «Fu lei a farmi avere un biglietto a Parigi, dopo la Spagna. Per farmi capire che per me era meglio l'America che Mosca». Erano storie vibranti, eroiche, feroci, guappesche, in Spagna aveva caricato su un camion gli intellettuali di tutto il mondo accorsi volontari al fronte e li aveva rispediti nelle retrovie, servivano meglio da fiori all'occhiello che morti da prodi; portava il racconto sulla repressione degli anarchici, sulla misteriosa morte di Andres Nin fin sull'orlo del terrore per cui era passato, come i grandi comunisti, fanatico e umano.

Poi usciva un suo libro e non lo riconoscevo, si era trasformato in un retore, un mentitore, un pompiere, uno da museo delle cere del comunismo virtuoso. Credo che il sentimento vero dei comunisti come lui fosse una doppia dannazione: dannati se restavano dentro la «cosa staliniana», dannati se ne uscivano. E siccome quella dannazione era la storia, li metteva al centro della storia, non riuscivano a separarsene, non potevano abbandonare la ribalta della storia, la rivoluzione che stava cambiando il mondo.

Vidali aveva una compagna, austriaca mi pare, intelligente e misteriosa come spesso le compagne dei rivoluzionari. Lei a differenza di Vidali non scriveva libri, e aveva l'ironia della storia. Non nascondeva di essere soddisfatta del suo piccolo alloggio a Trieste e di quel vecchio compagno. Dopo tutto ce l'avevano fatta a sopravvivere.

Ai giovani di oggi ha fatto una drammatica impressione la ferocia della guerra balcanica. Chi c'era ai tempi di Tito, più che dalla ferocia, è stato colpito dall'impotenza delle ideologie, delle dittature, delle superpolizie, dei lager. Tutto inutile, acqua passata su un vetro, grandi valori, grandi idee, grandi terrori evaporati, scomparsi di fronte agli antichi odi e pregiudizi. Dopo quasi cinquant'anni di unità proletaria imposta con il terrore hanno ricominciato a sgozzarsi per le etnie, per la religione, per il nazionalismo. Più simili ai nazisti che ai comunisti.

Da Trieste siamo andati in un marina del Timavo, fiume carsico, vicino a Monfalcone. Il fiume è largo quindici metri, l'acqua è limpida ma color delle alghe, verde liquido. Lungo le rive, fra gli alberi e le siepi, i casotti da pesca, le automobili coperte di canne contro il sole, biciclette, donne e bambini che guardano passare la nostra barca che sembra scivolare sulla terra come nei teatri. Ci sono dei pali per indicare il passaggio fuori dalle secche, ma il fondo è mutevole, ogni tanto senti la sua presa morbida, la strisciata della chiglia. Un po' di marcia indietro, un sussulto. I pali e la darsena danno su un prato di erba tenerissima, da golf, l'ufficio è una palazzina bianca, sul piazzale ci saranno tre automobili, attraccata una sola barca, di romani. Viene sera e dalle cuccette sentiamo i ragazzi romani che dicono: «Mamma, che mi passi la saponetta? Che avete visto Giulia? Papà mi gonfi il canottino?». Per avere quest'angolo di paradiso fluviale sono morti al principio del secolo centinaia di migliaia di giovani. Allora, ma anche oggi, tutto dipendeva dalla data di nascita e dal gioco delle guerre.

Il vecchio e il mare

Chi va da Lussino a Ragusa lungo la Dalmazia, spinto da un fedele vento di poppa, ha l'impressione di scendere per un grande canale, protetto dalle isole. Le triremi veneziane di pancia piatta navigavano a vista in questo mare di casa, frutteti dietro muretti a secco – i millenni in cui il lavoro dell'uomo è stato di mettere pietra su pietra – e vigne, campanili di San Marco, piccole città marinare, quell'orlo di grazia e di civiltà a riparo dai barbari lungo il mare-canale. Giornate dolcemente eguali, si nuota nel primo mattino all'ombra di un bosco di pini, in un'acqua azzurra cosparsa di aghi di pino, nell'andirivieni delle prime barche operaie che vanno alla pesca o portano gli ortaggi al mercato, e già quelli che dalla pesca ritornano ti vengono sottobordo per mostrarti il pesce dalle squame d'argento. Poi si arriva su un isolotto deserto, si raccolgono i tartufi di mare che si raggrinzano sotto il succo del limone, si martella la roccia friabile dei datteri, sopraggiungono giovani strani, forse poliziotti, forse solo curiosi, fanno discorsi incomprensibili che finiscono quando da bordo passano loro delle birrette, in un volar di gabbiani. A ogni porto ritroviamo i due inglesi. Lui ha settant'anni e una malattia incurabile, uno o due anni di vita, li passa in mare portato di isola in isola da una giovane figlia. Ci salutiamo. Il mattino guardiamo se l'inglese è ancora lì o se è filato via con quella figlia devota. Siamo arrivati di conserva fino all'isola dell'Incoronata che è nuda e fulva in un mare azzurro. Ci siamo fermati in un piccolo fiordo profondo una cinquantina di metri, largo cinque. All'alba sono sceso nudo in un'acqua fresca, nella sua forza vitale, in ogni goccia migliaia di molecole, di microrganismi, di sali già in movimento. Intorno, mare e isole posate sul mare, senza un albero.

Midva sente la brezza, scampanella, cigola. Dentro quel guscio ci sono tutti i miei cari, e io sto invecchiando. La colpa incolpevole di diventar vecchi ha un suo misterioso passo. Un mattino compaiono nel tuo cielo delle piccole nubi procellose. Strano, un'ora fa il cielo era terso, prometteva una splendida giornata, chi sa da dove sono arrivate quelle piccole nubi. Che sta succedendo? Sei in buona salute, cammini come prima, scrivi come prima, ma una di quelle nuvole ti segue e la parola «vecchio» incomincia ad accompagnarti, prima sfuggente, di rado, poi automatica, inevitabile. Presto capisci che alla colpa incolpevole non ci si sottrae, non serve dirti che nell'arco infinito del tempo pochi anni in più o in meno sono una cosa ridicola perché dell'arco infinito del tempo non sappiamo cosa farcene, noi stiamo nel nostro piccolo arco, dentro l'orologio di un tempo piccolo, e nelle memorie del nostro sangue c'è irresistibile la voglia dei giovani di far fuori i vecchi. Già, una cosa è filosofare e un'altra sentirsi rovesciare addosso, per l'incolpevole colpa della vecchiaia, rancori e livori irragionevoli ma inevitabili. Ogni tanto, sempre più spesso, da una qualsiasi città mi arriva un missile carico di un odio che quanto più è astratto tanto più è presente. L'ultimo di una studentessa diciottenne di Chiavari, mai vista, mai conosciuta, neppure avversa per ragioni politiche o etiche o di scrittura o di carattere, ma semplicemente d'età. Non sopporta che io vecchio occupi un posto negato a lei giovane, mi augura di morire presto di una delle malattie laide e incurabili di cui muoiono i vecchi, paralizzato, smemorato, piagato, via via orrendo vecchiaccio. La sua furia dovrebbe farmi sorridere, ma non ne ho nessuna voglia, in qualche modo sono come lei, è terribile questo gioco senza fine di volersi tirar fuori dall'umanità e dalla sua ferocia facendone parte.

Le generazioni convivono a onde alterne: ora sono i giovani a spaventare i vecchi, ora a subirli. Nei giorni della contestazione studentesca e poi del terrorismo, nei giorni delle bandiere e del furore, i vecchi stavano lontani dalle piazze o sotto i portici per non essere investiti dalla marea giovanile, guardavano, fra la curiosità e lo sgomento, i cortei rivoluzionari di non si sapeva quale rivoluzione. Poi è tornato il regno dei vecchi, i giovani sono come scomparsi, i loro cortei sono sembrati finti, fatti tanto per farli. È venuta l'indifferenza dei giovani, la loro apatia, come se le guerre del mondo, le ferocie del mondo non li interessassero più. Spettatori silenziosi, con qualche lampo di odio. Ora, poi, il rapporto fra le generazioni è diventato incomprensibile perché giovani e vecchi, nel mondo delle immagini, subiscono le stesse mode, gli stessi plagi, la stessa ignoranza, noi non sappiamo niente di loro e loro non sanno niente di noi, chi sei, cos'hai fatto. Niente, il passato non esiste, tutto ricomincia dal giorno prima, dal fatto che hanno visto la tua faccia in televisione o la tua firma su un giornale. E allora, secondo gli umori e i furori, sei quello che loro vogliono che tu sia, un fascista, un comunista, certamente un ipocrita, un furbo, peggio dei politici ladri di cui sei stato complice. Forse è per questo che amo sempre di più i gatti, lo ha detto anche il Corano che Dio consiglia l'amore per i gatti. E in barca sono il kapitano, quello che non vuol capire che la deriva ti sta portando contro gli scogli, che non sa pompare l'acqua del cesso, che quando si sta per gettare l'ancora si tuffa in mare abbandonando il timone e la randa sbatte e le stecche si rompono e magari arriva una raffichetta, la barca se ne va e il kapitano deve nuotare con tutte le sue forze per raggiungerla.

Maledetto kapitano. Però non drammatizziamo. Scendendo per il mare-canale si arriva nel crepuscolo a un porticciolo con ghirlande di lampade sotto un campanile veneziano, e già tutti hanno messo ad asciugare costumi da bagno, magliette e mutande. La randa è stata ammainata e debitamente legata, le altre vele messe nei sacchi, Davide ha già preparato i canapi per gli ormeggi, la Nicoletta è pronta a prua, c'è un po' di affollamento sottocoperta perché gli uomini si fanno la barba, le donne si pettinano e si cambiano. Poi tutti in brache bianche o azzurre, in magliette colorate si sbarca e si va in trattoria, con quel desiderio di sedersi su una sedia che non balla, di posare sul tavolo dei bicchieri che non si rovesciano, di farsi servire di vino profumato e di acqua ghiacciata. Poi, aiutati dal buon cibo e dal buon vino, mettersi a raccontare il niente che è successo durante la giornata nella piacevole certezza che sarà il vecchio kapitano a regolare il conto e a farsi perdonare l'incolpevole colpa.

Il mare infero

Scendendo per il mare-canale passiamo accanto a Curzola, la guerra non l'ha toccata, il porto degli yacht è pieno come prima di barche inglesi e austriache, la fortezza veneziana intatta. Quando i ragazzi erano piccoli prenotammo un albergo che non c'era, arrivammo con le nostre valigie e il gommone sul tetto dell'auto, e l'albergo era arrivato al primo piano, ne mancavano altri due e il tetto. Ci trovarono un affittacamere di nome Juri che aveva una casetta bianca a mezza costa. Erano alla loro prima esperienza, Juri ci chiese subito l'anticipo, la casa l'avevano finita tre mesi prima e si erano indebitati. Avevamo l'uso di cucina, ma Juri ci sorvegliava, chiudeva a chiave l'armadietto dove teneva la roba sua, ci dava l'acqua per pochi minuti; di sera, quando eravamo a letto a leggere, la porta si socchiudeva e la sua mano girava l'interruttore, per lui era l'ora di risparmiare e di dormire, e non era tanto o solo una questione di soldi, avrebbe potuto chiederceli, era una diversa concezione del mondo e dell'economia, noi saremmo partiti, lui sarebbe rimasto, come chiedergli di cambiare solo per noi? Juri mi aveva trasmesso, o aveva semplicemente risvegliato la mia angoscia, il mio strano rapporto con il denaro, passavo le ore del solleone sdraiato sul letto a fare i conti della liquidazione nel caso in cui «Il Giorno» mi avesse licenziato. «Il Giorno» non aveva nessuna intenzione di licenziarmi e, se mi avesse licenziato, avrei trovato un altro lavoro, ma io riempivo pagine di taccuino con previsioni catastrofiche. «Moriremo di fame?» diceva mia moglie continuando la sua lettura. Siamo strani noi uomini: io ogni giorno faccio i conti del denaro che ho e che guadagnerò, ma non me ne importa niente delle cose, se mi cade la casa non ci piango su, forse perché vengo da generazioni che mettevano i soldi sotto il materasso.

In quella casa d'affitto il solo a gradire la nostra

presenza era il nonno, sempre seduto al fresco sulle pietre levigate dei gradoni della strada, a farsi tagliare le unghie dei piedi e i calli da nostro figlio Guido, di cui capii allora l'animo gentile e caritatevole. Vivendo a Curzola si poteva capire la morigeratezza di Juri. Non c'era niente da comprare, da bere, da mangiare. I paesi del comunismo povero annullavano ogni tentazione: i negozi di Novosibirsk con quattro aringhe secche, le trattorie di Tîrgu-Jiu con i loro spiedini puzzolenti di montone e i ristoranti di Curzola con insalata e acciughe fritte.

Scendendo verso il mare infero di Cattaro disputavamo regate accanite ed effimere di cui Davide teneva memoria nel diario: «Oggi abbiamo regatato stretto con tre barche. Uno sloop di undici metri che in mezz'ora abbiamo perso di vista, un ketch di quindici metri, che ci ha raggiunto ben poggiato mura a diritta, ha virato con noi sperando di papparci, ma si è accorto tardi di non poter stringere quanto noi e in un'ora è sparito; la terza dopo due miglia ha ammainato». Gli altri dell'equipaggio continuavano a dormire o a leggere, non si accorgevano dei nostri furori agonistici. Verso sera, in Dalmazia le barche spariscono, tornano ai loro marina, il mare si apre davanti a noi. Ora la costa è rocciosa e dietro si alzano le montagne deserte e scure del Montenegro. Qui non ci sono marina, la costa è zona militare, filo spinato, fortificazioni, torrette di cemento e grandi cartelli che proibiscono tutto, bagni, fotografie, ancoraggio. E ti senti sempre sotto l'occhio di uno che ti osserva, sotto un fucile che può sparare. Non li vedi mai i soldati, non capisci che cosa ci stiano a fare di fronte a quel mare azzurro, da chi si difendano. Entriamo nel fiordo di Cattaro, la dolce Dalmazia è oramai lontanissima, scivoliamo in un mare-lago, verso un'isoletta su cui sta una chiesa ortodossa con una cupola di piastrelle policrome. Sembra di essere nell'alto lago di Como, quando il cielo si oscura e sta per arrivare una tempesta. Le montagne ora si stringono sino a lasciare un passaggio stretto e il mare è diventato fiume, è una corrente scura in cui la nostra prua solleva spume perlacee, ma dopo un po' si riallarga nella bocca di Cattaro.

Un terremoto ha annullato secoli di storia, salvo le mura veneziane che risalgono, a triangolo, la montagna fino in cima, due mura convergenti per centinaia di metri fino al culmine del monte Povlec, un'incredibile, metafisica punta di lancia, un'aspirazione a difendere l'indifendibile, una difesa dal vuoto barbarico. Non si capisce come quelle mura lunghissime e precipiti che vanno a congiungersi in eccelsi dirupi potessero essere guardate notte e giorno, e perché la montagna aspra e nuda dovesse essere compresa nella difesa del porto, dell'arsenale, dei magazzini, ma le fortezze e le mura sono sempre state opera delle fantasie, dei sogni, degli incubi assai più che dell'arte militare. La città è ancora segnata dalle macerie, il molo è deserto, poi compaiono i poliziotti, i ragazzini. I poliziotti esaminano lentissimamente passaporti e carte di bordo, severi ma buoni bevitori di birra. I ragazzini vedono delle lattine vuote di Coca Cola, ci fanno capire che le vogliono, se ne vanno con il loro bottino esotico, felici. La città è stata in parte ricostruita, ma c'è ancora gente vestita di nero che passa sotto le pareti puntellate e le tettoie. Ancora la storia che va alla rovescia: il ricco porto veneziano che si ritrova città morta sotto il triangolo irreale delle mura. Nell'immoto, nero mare di Cattaro si accendono delle luci bianche. Andiamo in un ristorante che si affaccia, con un'immensa veranda, sul mare fermo. Nello stanzone una cinquantina di tavoli, uno solo occupato. «Che cosa avete?» si chiede come sempre. «Tutto di tutto» risponde come sempre l'oste. E può voler dire un riso scotto con carne di montone, come inaspettatamente un tutto di tutto vero, pesci, frutta, gamberi, aragoste. Cettigne è poco distante, ci andrei per vedere la città da cui arrivò in Italia quella donna alta e silenziosa, la regina Elena, che si lasciò alle spalle le sventure della sua famiglia per conoscere quelle dei Savoia.

Torniamo alla barca. Siamo ormeggiati davanti alla parte distrutta della città, fra le macerie passano luci tremanti e, nel silenzio, nel dormiveglia, paurose fantasie: che qualcuno esca da quelle rovine con i lunghi coltelli delle prede notturne. Nella notte la bocca di Cattaro sembra un mare infero, lo Stige.

Montecristo

Questa volta *Midva* ci aspetta a Porto Azzurro nell'isola d'Elba. «Midva» in slavo vuol dire noi due, Boris il carpentiere di Trieste l'aveva fatta per loro due, lui e sua moglie, ma non reggevano ai costi. Davide li rassicurò, capirono che avrebbe avuto cura di *Midva*. Ci invitarono a pranzo a casa loro, sul Carso, Trieste stava sotto di noi nel sole e la signora aveva preparato un buon gulasch. Ci raccontarono tutto della barca da quando era in cantiere alla prima uscita, alle regate. Non fu una compravendita, ma un passaggio di umani affetti marinari. Per il tempo in cui tenemmo *Midva* a Trieste ogni tanto Boris arrivava sul molo a guardarsela. Ora *Midva*, dopo tante navigazioni adriatiche, è arrivata a Porto Azzurro nel mar Tirreno, mare senza ripari, di poche insenature, dove il vento che ti soffia in poppa attende solo il momento di darti addosso di traverso.

Abbiamo il permesso del ministero dell'Agricoltura e foreste per andare a Montecristo, ma Davide non si fida, una volta avevamo il permesso per la Gorgona ma quelli del penitenziario non volevano essere disturbati, non ci lasciarono entrare in porto anche se c'era mare grosso. Davide vuole essere sicuro del tempo, ascolta un bollettino dopo l'altro, si decide a salpare solo verso le cinque della sera. «Ce la faremo ad arrivare prima di notte?» gli chiedo. «Credo di no» dice. Fa lo skipper che sa tutto, penso io, che non sbaglia mai. Dopo un'ora di navigazione il Monte del Purgatorio che si alza sul mare come nella Commedia incomincia ad apparire come una nube lievitante sull'orizzonte, un triangolo evanescente. E basta perché incominci una di quelle attese prive di senso, frequentissime in barca, in cui ci si convince che il desiderio possa diminuire le distanze, il tempo, allontanare il tramonto. I cormorani volano raso l'acqua quasi inseguendo il loro lungo collo, una pinna nera di squalo taglia il mare davanti alla nostra prora, e Montecristo, nella luce dell'ultimo sole, ha contorni sempre più precisi, una piramide dorata che si avvicina; ma, se le luci del tramonto si inclinano e passa una nuvola, prende un color viola, è di nuovo lontana, lontanissima nel mare blu. «Dici che ci arriviamo?» chiedo. «No» dice lo skipper «mancano ancora dieci miglia, arriviamo di notte.» Lo fa apposta, penso io, ci arriveremo magari con l'ultima luce. Non ci arriviamo.

Nella notte Montecristo è un fantasma, ci par di vederla ma oscilla, scompare e riappare nella fioca luminosità di una luna calante. Il cielo è stellato, le nebbioline stanno diradandosi, il Monte della Salvazione ci attende, ma non si vedono i lumi di cala Maestra dove c'è la palazzina dei guardiacaccia, forse anche le capre selvatiche si sono addormentate. Ci sono 15 nodi di vento da nord-est, entriamo nel riparo dell'isola, procediamo a motore, lentamente verso destra, e ci troviamo spostati verso il mare aperto. Torniamo verso l'isola e vediamo oscillare a pelo dell'acqua una luce rossa, ai cui riflessi si indovina, si vede la roccia precipite che va giù a picco nell'abisso del mare, e a noi sembra di essere come in parete, aggrappati fra roccia e mare, proprio come dice il poeta: «quivi trovammo la roccia sì erta, / che 'ndarno vi sarìen le gambe pronte». Siamo in una piccola cala dove stanno alla fonda due pescherecci. Nessun approdo, nessuna casa. Da prua Davide parla con i pescatori. Dicono che siamo in cala Santa Maria che è la più protetta. Voci del Purgatorio, di penitenti che si chiedono come salire al Monte del Perdono, anime oscillanti sull'abisso marino, luci rosse, luci bianche in cima all'albero, luci di stelle sotto la piramide nera. Non ho sonno, ascolto Radio Livorno, dice che una barca è rimasta in mare senza gasolio, forse quelli che agitavano le braccia da lontano e noi pensavamo che fosse un saluto. Mi sveglio che Davide ha già portato la barca a cala Maestra. Nella luce accecante del mattino Montecristo è come una nuvola d'oro pietrificata. C'è un boschetto di pini attorno alla palazzina, e poi solo balze rocciose, lentisco, rosmarino, le capre selvatiche per le cacce del re Vittorio Emanuele, padre della patria, e la grotta del tesoro dove fiammeggiano ancora i rubini di Dantès e dell'abate Faria. L'equipaggio scende a terra per vedere da vicino le capre e fotografarle.

Andare per il mare su una piccola barca è sempre cercare come Ulisse quello che sta dietro, identico a quello in cui ci si trova, ma con il desiderio del nuovo. Puntare su un promontorio, superarlo, trovare un'altra insenatura, un piccolo golfo, delle case fra gli alberi, e già avvistare un altro promontorio con il suo segreto. A Montecristo non c'è un dopo, il grande scoglio sta solo nel mare vuoto, è la fine del viaggio, o ti fermi qui sperando nella salvezza o torni fra i peccatori.

Scendo la scaletta per bagnarmi, ma arriva dalla spiaggia un sibilo di fischietto, un grido, poi un motoscafo si avventa verso di me, una guardia in un velo di spume fa dei segni di ammonizione: il bagno è proibito, non lo spurgo oleoso dei pescherecci. Il perfezionismo degli ecologisti è rarefatto. Si torna a Baratti, il cerchio azzurro di mare sotto Populonia, un arco di spiaggia libera e pulita. A terra c'è un ristorantino di cibo toscano lindo e profumato, di nuovo ci si chiede perché ci siano luoghi e uomini che tendono al bello, all'essenziale, e altri che si rivoltano nel brago. L'equipaggio sbarca, Davide e io saliamo a Lerici con una sola trascinante veleggiata, con lo scirocco in poppa fino a che non appaiono, alla nostra destra, le cave delle Apuane che sembrano di neve, una neve bianchissima di pietra sopra gli orti e i pini della Versilia e della Lunigiana.

V

PER LA CITTÀ

Benedetta maledetta città

La Cattedra dei non credenti, voluta a Milano dal cardinal Martini, si tiene in un salone dell'Università statale in via Festa del Perdono. C'è chi dice: «Se non parla ai non credenti, a chi parla questo povero cardinale?». Per parlare di Bibbia e di esegesi, al cardinale restano due tipi di persone: i laici di sinistra, che un tempo pendevano dalle labbra dei terzomondisti rivoluzionari e attendevano dall'Oriente rosso la salvezza, almeno dalla noia democristiana e dalla bassa cucina socialista, e gente di ogni età e ceto bisognosa di religione, stanca dei limiti stretti, anche se millenari, della cultura cattolica, pronta ad avventurarsi per i mille rami del grande albero della Bibbia. Conosco le facce degli uni e degli altri, sempre quelle dei mille dibattiti, dei sit-in, dei cortei, delle sottoscrizioni, le facce, i vestiti, i gesti della borghesia intellettuale milanese che ha perso le sue stelle polari ideologiche, ma continua a vivere la sua diversità dai comuni mortali. Sono i borghesi di Brecht, di Pasolini, di Fortini, del gauchismo raffinato che hanno convissuto con il dogmatismo e con l'ottusità comunista come i cattolici di sinistra con quella ecclesiastica. I primi hanno scoperto gli studi biblici dove si trova tutto e il contrario di tutto, una sorta di ricreazione dai passati conformismi, i secondi la chiesa conciliare dove ognuno può trovare una sua strada alla fede. Elitari e snob come prima. Se il filosofo Cacciari tiene sulla città una relazione per metà in latino, lo ovazionano, se parla il sindaco leghista di Milano Formentini che sulla città attuale dice cose di buon senso, lo deridono e rumoreggiano. Ah, non per il buon senso sono usciti dalle loro roccheforti!

Comunque siamo qui riuniti per celebrare gli assassini che fondarono città: Romolo di suo fratello Remo, Caino, fondatore di Eno, di suo fratello Abele, Mosè, fondatore di tre città lungo il Giordano e di altre tre nel paese di Canaan, di uno sconosciuto egiziano, lui almeno memore, avendo destinato le sei città a rifugio di assassini. Ma a queste riunioni nulla si banalizza, neppure l'assassinio, lo si trasforma in una rappresentazione simbolica della rivoluzione neolitica, il passaggio dalla pastorizia transumante all'agricoltura stabile, un po' come le storie del Far West fra contadini e allevatori di bestiame.

«Ma cos'è questa città? Benedetta o maledetta?» chiede il cardinale. C'è chi la vede come una grande protesi che allunga in tutte le direzioni le mani e potenzia l'intelligenza del cittadino al punto di farne, come persona, un incapace di produrre, di manipolare, di vedere, di sentire. Se lascia a casa il calcolatore tascabile, sbaglia le operazioni più semplici, ha dimenticato anche la regola del nove, inutile che la chieda agli amici, l'hanno dimenticata pure loro. Se deve fare una fattura, telefona alla segretaria o al commercialista, se c'è in casa un corto circuito, sta senza luce fino all'arrivo dell'elettricista, se va via la corrente mentre lavora al computer, ciò che ha scritto evapora. Maledetta benedetta città. Benedetta per chi ha il potere o il denaro per adoperare la protesi, maledetta per gli altri per cui la protesi diventa una muraglia insuperabile, una porta che non si apre. Chi vive nella grande città, chi ci è venuto per trovare il luogo della tecnica e della ragione si rende conto che esse producono quasi sempre effetti non ragionevoli, e questo spiega lo spaesamento che si allarga, giovani o vecchi che siamo ci sentiamo continuamente addosso il pensiero di partecipare a opere che poi se ne vanno per conto loro in un intrico caotico, in una proliferazione a catena di disordine e di incognite. Torna la minaccia ignota, isolata delle malattie incurabili, i virus mortali che escono dal lungo sonno e se ne vanno per il mondo con i trasporti e le promiscuità della civiltà moderna, la ricomparsa di malattie già vinte, il fallimento dei vaccini e delle medicine, l'idea che chi lavora al progresso suo e degli altri lavora anche per la sua e altrui rovina, il dubbio del saggio che risuona su tutte le bocche: «Se io non sono per me, chi è per me?».

La città crocevia dove si incontrano gli uomini di buona volontà, gli amici fraterni, quelli che sanno e che ti illuminano, o la città dormitorio dove non conosci neppure i vicini di casa? Come non pensarci durante un rientro dal fine settimana? Un fiume di macchine incolonnate sull'autostrada, su tre file, come un gregge che torna alla stalla, come una processione di insetti metallici, e appena si entra in città il fiume si divide in rami e poi in rivoli, che si separano ancora in migliaia di strade verso centinaia di migliaia di tane incomunicanti. La cosa più vera detta alla Cattedra da Cacciari è che le nostre città sono sempre più abitate da «uomini del risentimento». Che cosa impedisce ancora l'esplodere di follie sanguinarie, di stragi senza senso? Che cosa impedisce ancora che ci siano ogni giorno risse feroci fra «gli uomini del sottosuolo, idolatricamente sicuri della bontà dei propri appetiti, intolleranti di ogni dipendenza eppur così bisognosi di tutela e protezione»? La domenica il centro di Milano non è il cuore fraterno della città, ma un territorio conteso fra tribù proletarie e borghesi. Il mattino e il primo pomeriggio tocca ai poveri diavoli che vi arrivano dalle periferie e dal contado, il tardo pomeriggio e la sera ai ricchi di ritorno dal week-end che lo riempiono di macchine di lusso e dei loro sguardi omicidi se appena devono disputarsi un posto al ristorante o in un parcheggio. La protesi è sempre più grande e specializzata, ma i suoi mille usi portano a una continua, crescente fatica di vivere, la proliferazione dei mezzi e delle tecniche razionali produce anarchia. Mentre ci inoltriamo «fra i labirinti e i doni della città», il cardinale ci concede delle pause, ci invita a «interiorizzare», parola quasi incomprensibile nell'età dei telefonini, di tutti che gettano addosso ai passanti le loro cose più intime per strada, in ufficio, nei bar, dovunque. E, per aiutarci a interiorizzare, chiama una delle *scholae cantorum* di Milano, confraternite che la città ignora, cultrici del canto gregoriano dentro il fragore continuo, i clacson laceranti, il ronzio di fondo che non ti lascia mai, simile al tempo in cui sentiamo scorrere la nostra breve esistenza. I cantori indossano tuniche bianche, sono professori, bancari, commercianti che sembrano uscire da un affresco medioevale, coro di angeli che il direttore solleva di nuvola in nuvola, verso l'alto dei cieli. Ci sono cantori altissimi che stanno dietro gli altri e muovono appena le labbra, fanno da organo, e ci sono quasi sempre un nano o una nana che stanno davanti per essere visibili. Il canto gregoriano, la sua melodia che sale e scende fra la vita e la morte, questo sì ce l'ho nella memoria, lo cantavamo in chiesa e a volte ci usciva da solo dalle labbra mentre camminavamo da ragazzi in montagna.

Alla Cattedra approdano laici e religiosi. I laici vogliono far sapere al cardinale che in fondo sono più cattolici di lui, più agostiniani di lui. Oppure che non sono di facile acquisto, sì, è vero, sono in viaggio verso la fede, stanno arricchendo la loro vita con le letture sacre e le buone frequentazioni, ma che sia chiaro, mai e poi mai rinuncerebbero al loro libero arbitrio, mai e poi mai cederebbero a un'imposizione. La Cattedra è liberatrice, anche dei narcisi di cui il mondo non si era accorto, gli permette di dire quanto sia importante la loro ricerca. Un prete di provincia ci racconta che cammina per Milano come sulla strada di Emmaus, si sente sfiorato da una presenza divina «senza l'invadenza della apparizione, sfiorato come sulla soglia». A noi non capita, nelle strade ci sentiamo più che mai spaesati, gente che ci saluta e non sappiamo chi sia, tipi che ci rivolgono parole incomprensibili, granello di sabbia fra granelli di sabbia, e dover mentire con quelli che ti gridano il loro nome, e «Giorgio ti ricordi di me?», «Sì mi pare, quando ci siamo visti?», «A Merano, corso allievi ufficiali». Cinquant'anni fa. Ma neanche in casa c'è difesa, quelli che ti telefonano le cose più assurde, ti mandano dei manoscritti, e tu sai già come andrà a finire, prima imploranti, accattivanti, poi che tentano il piccolo ricatto della pietà: «Se non l'ha letto passo a ritirarlo». Finché non gli dite: «Va bene, passi domani, lo lascio in portineria». E domani lui, quello di Varese, telefona quasi in pianto: «Mi sono perso alla tangenziale, non so più dove sono». «Ma no, chieda informazioni, l'aspetto.» «No, no, non ce la faccio, non ce la farò mai, torno a casa.» «Aspetti, volevo dirle che ho letto, c'è del buono, ma scrivere è un mestiere duro, dovrà faticare ancora molto.» «No, torno a casa, rinuncio, non ce la faccio.» E mette giù per sempre. Straziante. O la signora di Savona che conosce mia sorella e telefona perché si è rotta la caldaia e il padrone di casa non vuole aggiustarla, e l'avvocato non vuole assisterla se non paga, e lei ha freddo e ha i reumatismi, e io devo aiutarla perché lei conosce mia sorella: «Ma signora, io non mi intendo di caldaie, non posso venire a Savona». E cala un silenzio che sembra interminabile, e poi come un sospiro arriva il suo «mi scusi», il «mi scusi» degli umili che è peggio di una pugnalata.

La città come luogo in cui si incontrano gli stranieri? Sì, qui a Milano moltissimi, a cui non ho niente da chiedere e che non hanno niente da dirmi. La città ti fa guadagnare o perdere tempo? Ogni mattino, in città, usciamo di casa con un elenco di appuntamenti e ogni sera contiamo quelli mancati o sbagliati. Cos'è la fretta? Forse un modo per non guardare la città. Ci viviamo ignorandone il gigantesco metabolismo, le colossali, quotidiane digestioni. Noi, i cittadini, abitiamo nella città di mezzo, di superficie ignorando la città di sopra per cui passano miliardi di telecomunicazioni, di segnali, di avvisi e quella di sotto, dei cavi, delle condotte, della falda acquifera, delle fogne e dei topi. I cittadini del week-end dicono di andare in montagna o al mare per l'aria buona, per nuotare, per sciare, ma la ragione vera è un'altra, vanno in cerca di luoghi dove il tempo scorra in un'altra dimensione, con un'altra velocità, fuori per qualche ora dalla corsa dei topi.

Cos'è cambiato dal tempo in cui Ambrogio davanti all'offerta di esserne il vescovo fuggì da Milano e cercò di nascondersi nelle campagne? La città come rappresentazione del mondo, la Gerusalemme che è il fine ultimo degli uomini, la città oltre l'apocalisse, non la città ideale ma un ideale di città. Oppure la città locale, segnata dal *genius loci*, continuamente distrutta e continuamente ricostruita. La città nervosa che segue un intelletto avido e dissacratore, il quale spezza ogni dogma e irride ogni tradizione, o la città che livella, fossilizza? Come rendere produttive le sue contraddizioni? Come impedire che il suo disprezzo di Dio diventi disprezzo per chi ci vive? Aveva ragione il Dio di Israele a dire a Giona: «Alzati e vai a Ninive», o a ordinare a Lot di non voltarsi a guardare le città maledette Sodoma e Gomorra? La città che ricorda tutto o quella che scrive, registra, magnetizza ciò che sta già dimenticando?

Il destino delle città è misterioso: nel Terzo Mondo povero aumentano a dismisura, nel 2000 ce ne saranno con trenta milioni di abitanti, quelle dei ricchi invece si svuotano, le nostre hanno perso in vent'anni un quarto degli abitanti. Dicono che i mezzi telematici consentiranno di lavorare in casa, ma non agli ambiziosi, i quali sanno che la presenza fisica è decisiva quando si assegna un incarico, c'è da lodare il padrone, c'è da capire i suoi umori, da cogliere lo sguardo del collega che ti vuol fare le scarpe, e val più di ogni telematica. Forse stare in città è necessario perché la gente sappia che sei ancora sulla tolda della nave, che non ti sei perso in qualche desolato angolo della provincia, dove ti danno già per morto in vita. Bisogna stare in città, farsi vedere, far capire che sei ancora lì a lottare contro il tempo, contro le sue irragionevoli ragioni. Fra i turisti o gli affaristi giapponesi che non hanno nulla da dirti e a cui non hai nulla da dire, che si vestono, si truccano, si profumano come noi e vivono in città dove ci sono degli uomini forzuti che li spingono, li schiacciano nei vagoni della metropolitana.

Nella città non conosci nessuno, ma nella provincia devi conoscere anche quelli che non vorresti mai aver conosciuto. Mille e mille impercettibili choc rendono nevrastenico e scettico il cittadino, ma anche nei villaggi oggi gli sconosciuti non destano più curiosità, non ci si domanda più chi sono. Nei villaggi ci si conosce, ma c'è gente che farebbe un'ora a piedi per portarvi una cattiva notizia. L'antica distinzione fra cittadino e cafone va scomparendo. Tendiamo tutti al cafone con il telefonino.

Città bella città brutta

Il brutto più brutto delle città lo si vede da un vagone letto, quando l'inserviente vi porta il caffè che sa di cicoria, fuori piove e il treno procede fra scambi e semafori per il retrobottega sudicio della città, quello che non appare dalle strade, ballatoi stipati di robe vecchie, coperti da teli di plastica, le pareti annerite, scrostate, le finestre opache a due metri dai binari, e dietro, invisibile, un'umanità logorata dai rumori rotolanti, dai sibili, da lugubri sirene, già stanca appena sveglia, in canottiera e vestaglia. Tane umane a vista su ferraglie che agli scambi si spostano con scatto d'automa fra cigolii e tonfi. Il bello, a sentire Stendhal, è «una promessa di felicità». E il brutto? Il brutto è la prova che l'uomo è l'animale più adattabile della terra, ci sono uomini a Milano, e in altre grandi città, che riescono a vedere nel brutto più brutto delle loro città il conforto dell'abitudine, il piacere delle amicizie, magari anche l'amore, come diceva il giudice Di Pietro dei balordi di cui chiedeva la condanna: «Anche loro si amavano».

Un giorno sono andato nel quartiere milanese di Ponte Lambro, due palazzi bianchi che si fronteggiano e sono il buco nero più nero della città, due reclusori bianchi, giganteschi, nati come case popolari. Negli androni bui gli spacciatori di droga, nella strada le loro guardie in motocicletta, alle spalle dei palazzi prati di erba gialla, carrozzerie bruciate, lavabo, lampade, frigoriferi buttati giù nella notte di Capodanno. Mi veniva voglia di piangere, ma da un androne è sbucato di corsa un ragazzo biondo sui dieci anni, che dopo una breve corsa ha calciato un pallone verso il cielo e lo guardava salire, felice. Il bello non mi ha mai incantato, c'è qualcosa nel bello che ti respinge o ti confonde. Il brutto, specialmente il brutto urbano, ha sempre esercitato su di me una suggestione, forse per la vita tenace che si mostra nella sua modestia e nella sua realtà, il mondo degli uomini e non delle immagini. Per anni ho dovuto spiegare ad amici e parenti increduli che mi piaceva il mare di Milano, l'Idroscalo, il lago artificiale di acqua di un azzurro-marrone dove le alghe ti strisciano lungo le gambe, mentre nuoti e vedi le bolle d'aria delle tinche scoppiettare in superficie. Stare al sole sulle lastre di cemento dell'invaso, osservare in silenzio la solitudine di quelli che non prendono il sole e non nuotano, ma guardano nel vuoto, arrivati dal nulla, e che ripartono, a capo chino, verso il nulla. Ma anche gli altri, né soli né infelici, quelli dei ritrovi sportivi per poveri, che giocano a tennis con grandi racchette di legno e palle da tamburello, una reticella tesa fra due alberi. Non ragazzini, uomini fatti, molto seri, molto impegnati, sempre gli stessi, campioni di un gioco soltanto loro. Passano ogni tanto i marciatori, come marionette dalla lunga carica, chi sa dove si fermerà, chi sa dove le loro gambe barcolleranno, e loro resteranno senza respiro. Ce n'è uno anziano che passa muovendo le braccia a stantuffo e apre le dita della mano destra per salutarmi, non ci siamo mai parlati, ma sono anni che ci incontriamo. Poi c'è il club bocciofilo del Luisin che ha la sua sede esclusiva vicino al tubo che rifornisce d'acqua il bacino. Le lastre di cemento attorno al bacino sembrano la pista di un velodromo abbandonato. Nelle giunture sono cresciute erbacce, cespugli, alberetti tisici, da cui sbucano lucertole guizzanti, a volte anche topi che si tuffano nell'acqua e filano via come grigi siluri. Sulla riva quelli del club hanno spianato il prato per farne una pista di bocce, che i vigili urbani fingono di non vedere come se vigesse una sorta di extraterritorialità. Il club non ha recinto, né spogliatoi, ma soci regolari e orari rigidi. Alle undici del mattino, preciso come Immanuel Kant, arriva in bicicletta, con la valigetta delle bocce, il Luisin, che ha passato i cinquanta, ma di più non saprei dire. Posa la bicicletta e copre le ruote con carta di giornale per proteggerle dal sole; poi scende all'acqua per mettere al fresco il bottiglione del vino. Dal momento che è lì, apre il pacchetto del pane secco per i cigni e gli anatroccoli che, appena lo vedono, arrivano scivolando sull'acqua come le barche veneziane il giorno dello sposalizio con il mare. I cigni davanti, gli anatroccoli dietro. Luisin dà il pane ai cigni che beccano rapidi e dignitosi, e poi agli anatroccoli che si precipitano sul resto azzuffandosi. Ora è tempo di tirar fuori le bocce dalla valigetta e di appendere il segnapunti a un albero. Gli altri si annunciano con urli, sono uomini di mezza età, tutti in bicicletta, più due donne e un ragazzo, sempre loro. Se ti avvicini nuotando alla loro riva smettono di giocare, urlano, si sbracciano in difesa del bottiglione e delle canne da pesca che dovrebbero pescare da sole, piantate sulla riva.

Il sole è rovente fino al tardo pomeriggio, le mosche cavalline ronzano, l'erba è color stoppa, piena dei fazzolettini di carta che sono serviti nella notte alle prostitute, che verso mezzogiorno sistemano i loro lettini e parasoli e radioline e materassini a rifarsi del freddo e dell'umido della notte. Ce n'è di giovani con un corpo ancora bello, ma senza il trucco hanno un muso duro, come lo sguardo, sospettoso. Ci sono anche delle famigliole che hanno acceso il fuoco per fare gli spiedini, gli uomini giocano a carte, le donne giovani o sono magrissime con le gambe arcuate o di un grasso senza ritorno, alcune in sottoveste nera con il puntaspilli appuntato sul petto. Passo a nuoto, a distanza di sicurezza davanti al club del Luisin per vedere se ci sono tutti, uomini, donne e il ragazzo ricciuto che a un ordine degli anziani va giù a prendere il bottiglione del vino, e a vedere se qualche tinca ha abboccato. Sì, ci sono tutti, quello con la barbetta che chiamano America, la Tilde, la Luisa, il Maciste, il René e il Luisin, che porta sempre un cappellino da ciclista, fa da arbitro per i punti e non perde d'occhio il suo territorio.

Quando entro in acqua, mi tolgo di tasca il portafogli e lo nascondo sotto il bordo della pista di cemento. Il più delle volte non ricordo bene il punto, devo frugare fra erbacce e immondezze e lucertole guizzanti. Un giorno rincaso e mi accorgo di averlo dimenticato sotto il bordo di cemento. Torno all'Idroscalo e trovo il punto, il terzo lastrone alla sinistra del grande tubo che immette l'acqua. Il portafogli non c'è. C'è sulla riva il Luisin che sta mettendo le bocce nella valigetta. Mi telefona qualcuno due giorni dopo: «È il signor Bocca? Ho trovato il suo portafogli. Glielo porto a casa, devo passare dalle sue parti». Suonano alla porta. È il Luisin con il portafogli: tutti i documenti a posto, sparite le quattrocentomila lire. Lo ringrazio e gli do una mancia. «Non si disturbi» dice lui intascando. Da allora vado all'Idroscalo senza portafogli. Lasciarlo chiuso in auto non serve, qui mi hanno rubato due volte l'auto. Gente del mestiere: arrivano con un carro attrezzi, tiran su la macchina e se ne vanno verso viale Forlanini. Quando mi hanno preso la Delta rossa, l'ho vista partire, le sono corso dietro per cento metri poi mi è parso da lontano di vederli entrare nel recinto di uno sfasciacarrozze. Ma che fai? Vai dallo sfasciacarrozze e gli dici: per caso non hanno mica portato qui una Delta rossa? Mi è capitato di vedere un carro attrezzi che stava tirando su un'auto poco distante dalla mia. Che faccio? Vado a chiedergli se la stanno rubando? Del resto l'auto te la rubano anche nella Milano bella e ricca. Una volta mi fermo a prendere i giornali a un chiosco, mi volto e la vedo andar via, riesco ad afferrare una maniglia, ma non lo farò più, quasi finivo contro un lampione. L'ultima me l'ha rubata un immigrato tunisino davanti a un pescivendolo. Me l'hanno trovata i carabinieri: non c'era più la gomma di scorta, ma c'era una borsa con dei ferri da scasso. Ho chiesto ai carabinieri se se la potevano tenere. Mi hanno detto di portarla all'ufficio degli oggetti smarriti.

Il brutto ha il suo fascino. La strada che porta all'Idroscalo parallela al viale Forlanini è fatta di case cadenti in cui si sono sistemati gli immigrati di colore: l'asfalto è pieno di buche, dal muro di cinta del deposito ferroviario arrivano rumori di treni merci in manovra, il Lambro è rossastro di veleni e bianco di spume, e se ne va fra ripe di immondezza. Ci nuotano pantegane lunghe mezzo metro. Ma anche lì ci sono esseri umani che ridono, che amano, che ringraziano il cielo di averli fatti arrivare fin lì da qualche sperduto borgo dell'Algeria, del Marocco. Qualche volta si accoltellano, altre si aiutano, e il brutto di Milano li fascia, li protegge, nel brutto li lasciano vivere. Ci sono anche gli zingari che misteriosamente nel brutto riescono a rimanere belli, eleganti. Per loro siamo stupidi e rozzi noi, che viviamo in case di mattoni e di pietra e non nelle roulotte che girano per il mondo, si fermano in un parco dove gli uomini a circolo giocano a carte e le donne a circolo chiacchierano e ridono.

La sola cosa equamente distribuita fra la città bella e ricca e quella brutta e povera sono i colombi. Stanno in piazza del Duomo e nei quartieri dormitorio dove la sanità cerca di cacciarli perché diffondono il lima, un malanno mortale portato dalle zecche. Ucciderli non si può perché gli ecologisti ne farebbero uno scandalo. Allora li prendono, li mettono in gabbioni e poi in elicotteri, e li lanciano in aperta campagna. La signora Ferragamo, quella delle scarpe, si è trovata la casa di campagna invasa da colombi rognosi. C'è un continuo scambio di immondezze e di veleni, la grande Milano con le sue fabbriche ha avvelenato i corsi del Lambro e dell'Olona, che hanno avvelenato il Po in collaborazione con gli allevamenti di maiali della bassa valle padana. A pochi chilometri da Milano, a Lacchiarella, ci sono dei depositi di oli e di vernici velenose, decine di migliaia di quintali. I silos si stanno rompendo, il liquame scende nella falda acquifera e tutti ci vivono attorno tranquilli. Poi parte la psicosi collettiva della mucca pazza e la gente non mangia più carne perché ha paura del contagio.

Religione e preti

I giornali si occupano del Dio nascosto nel cuore degli atei e degli agnostici che ora vanno riscoprendolo o cercandolo. E di alcune cose strane per chi sa poco di trascendenza, come il fatto che questo bisogno di religione rinasce mentre diminuiscono i praticanti, gli osservanti, o che il pontefice non è mai stato così dominante nella vita italiana, ma la sua chiesa non trova sacerdoti e si disertano le messe e le altre sacre funzioni. Secondo alcuni una progressiva scristianizzazione, secondo altri la liberazione religiosa dal formalismo e dal dogmatismo ecclesiale. Avevo frequentato i preti quando ero ragazzo e capito che ci sono preti e preti. I gesuiti del collegio San Tommaso di Cuneo erano intelligenti, paterni, accomodanti, secondo la loro regola: fate ciò che vi piace e poi venite a dircelo. Come a dire: anche nella chiesa l'informazione è tutto. E c'erano i preti di seminario, contadini sempre sospettosi nella loro carità.

Ora anch'io alla ricerca del Dio nascosto ho ricominciato a frequentare preti e religiosi, trovandoci cose buone e meno. Direi, per cominciare, che hanno più aria di noi laici sopra la testa, il loro mondo è più vasto, arriva, con le inevitabili incertezze, nell'aldilà. E, siccome un po' tutti siamo come il Rabelais che in punto di morte dice al confessore: «Vado ad accertarmi di una grande incognita», la loro frequentazione ha sempre delle prospettive. La compagnia dei religiosi d'oggi, poco penitenziali, è piacevole perché sono generalmente ottimisti, il credere in Dio e in un premio celeste li fa ottimisti. Il mondo nonostante tutto è buono, gli uomini nonostante le loro malefatte sono buoni. Non ho conosciuto un religioso che creda veramente nella minaccia infernale, nella seria probabilità di finire nelle diaboliche bolge, tutti o quasi si affidano a un Dio misericordioso. Se si pensa che nella loro lunga storia religiosi e preti sono passati per l'opposto, per la religione come fanatismo e Santa Inquisizione, ci si chiede cos'abbia potuto trarli fuori dall'integralismo più feroce, come si sia arrivati da Ignazio di Loyola al cardinal Martini.

I religiosi non hanno vita facile, gli si chiede di parlare di argomenti che neppure loro conoscono come se li conoscessero, di andar oltre il buon senso che, mentre parlano di impalpabili cose celesti, resta aggrappato a quel che si vede, a quel che si tocca. Così sono costretti a procedere di rinvio in rinvio, gli chiedi di spiegarti un aspetto, un fatto, un dogma della religione, e loro passano all'interpretazione. La esegesi è la loro grande risorsa: non è ciò che dice la Bibbia o altra sacra scrittura che va preso alla lettera, ma ciò che intende dire, ciò che gli esegeti le fanno dire. Sono duemila anni che durante la messa si legge il Vangelo e lo si interpreta come non accade da noi per nessun altro libro di filosofia, scienza, geografia, medicina. La religione può essere incredibile, non smentibile, perché la religione è fede e la fede è irragionevole. Il grande teologo Küng può accettare le osservazioni sull'incredibilità della resurrezione di Cristo e poi giocar di rinvio: certo, non c'è mai stata resurrezione della carne, l'ascensione al cielo e neppure l'apparizione di Emmaus. Certo, Cristo nella sua predicazione non si è mai definito figlio di Dio, ma questo hanno pensato e sentito i primi cristiani, questo è diventato il cristianesimo.

I religiosi non amano discutere con il primo che capita di religione come gli analisti di psicanalisi, sono credenze o scienze universali, ma anche una questione intima, un personale, sofferto, mistico, dubbioso rapporto con il Dio nascosto, colui che c'è ma non si vede. Dunque un rapporto difficile con il non credente, perché il religioso vede ciò che il non credente non vede. Nel gioco raffinato della esegesi il tempo fa da sfondo senza imporre i suoi condizionamenti, ciò che era vero duemila o cinquemila anni fa lo è ancora adesso, perché Dio è immutabile e noi siamo stati creati per toglierlo dalla sua solitudine. Nessuno come i religiosi sente il fascino della sacra scrittura, continuamente consultano i testi sacri come un avvocato o un giudice il codice. Misteriosamente l'inafferrabile vita, l'indefinibile vita si fissa in versetti e in una loro sigla, *Giovanni* 16, *Samuele* 5. La scrittura è sacra perché non smentisce mai ciò che le viene attribuito, neanche la nuova Gerusalemme che non è una città terrena, ma l'ideale di una città, di cui però si descrivono le strade e la lunghezza delle mura. Si possono passare serate interessanti discutendo sul testo del profeta Osea, se

Dio sia uomo o donna o se si possa o no discutere con il Dio padre padrone.

Il rapporto con i religiosi esige buona educazione: loro accettano te e tu loro, loro parlano e tu li ascolti, ma senza interruzioni brusche. Solo una volta, a Prali durante un convegno di valdesi, non seppi trattenermi e gridai al pastore Vinai: «Ma perché lei delira?».

La cosa fu presa in senso religioso. I religiosi sono spesso più interessanti e divertenti dei laici che non sanno più parlare del sacro, dell'anima, della morte, ma solo dei loro affari, che a te interessano poco o niente. Con i religiosi è facile fraintendersi, perché non si sa mai se ti rivolgi all'uomo o al religioso, se mentre gli parli è posseduto dallo spirito o legato ai dubbi dell'uomo, se ti rivolgi alla parte sbagliata li vedi scartare come cavalli bizzarri A volte ti chiedi se siano un po' dementi nel servire lo spirito e altre se non sia meglio che servire nessuno.

I religiosi ti confondono, si annullano nell'umiltà mentre si sentono figli di Dio, «fatti a sua immagine e somiglianza». Quando ti sembrano degli illusi o dei sognatori, pensi alla tristezza laica di vivere come i promessi sposi manzoniani in una società dominata dall'arroganza dei potenti e dalla rassegnazione dei sudditi, e se ti rifugi a Bergamo, terra di San Marco, diventi un nessuno. I religiosi non cessano di stupirmi quando passano dai sogni e dalle credenze più incredibili e stravaganti alla più brutale *Realpolitik*. Questa è la differenza fra un religioso e un laico, il laico non ha un padrone divino e ha una sola morale, il religioso ne ha due, una per il rapporto con Dio, l'altra per le cose infami e caduche di questa terra. Da lì nasceva la provvidenzialità democristiana di Moro e il passaggio di Andreotti dalla messa mattutina alla mattutina telefonata con il mafioso Lima. Difficile capire se la parola di Dio sia silenzio o il silenzio la sua voce, se sia la materia o l'antimateria. Sta comunque di fatto che milioni di persone sono morte per testimoniare di uno che non hanno mai visto. Ed è altrettanto singolare che le parole più affascinanti per l'uomo partano dalla servitù e dalla frustrazione: *religio*, cioè essere legati, e rivoluzione, cioè tornare al punto di prima. Questa è la vita e la forza dei religiosi, rappresentare la continuazione, che è la massima aspirazione degli esseri viventi.

Un aspetto positivo di questa mia tardiva frequentazione di preti e di religiosi è che finalmente ho capito quel che la chiesa cerca di nascondere. La chiesa ama presentarsi ai fedeli come un monolite al cui vertice sta un papa re. E invece è un'organizzazione dei diversi, una comunione dei dissimili che si sentono chiesa mentre sono soli davanti a Dio. I religiosi hanno capito che occuparsi di religione è meglio che lavorare per un banale profitto, non amano vendere sul mercato laico la loro forza lavoro; i preti operai hanno avuto breve durata, il lavoro alla catena non piace neppure agli uomini della carità.

Per secoli i sacerdoti hanno gestito i due momenti fondamentali dell'uomo, la nascita e la morte. Ora che abbiamo bandito la morte dalla nostra vita quotidiana, ora che una morte clandestina e improvvisa non ci pare più una maledizione, e ognuno la sua morte se la soffre da sé, con poca o nessuna gente attorno, quando «l'anima si divelle», ora questo secolare lavoro dei preti sembra un po' clandestino. I paladini venivano preavvertiti della morte imminente, l'aspettavano in armi a Roncisvalle. Oggi nessuno vuole avvertire il moribondo che del resto sa benissimo che sta morendo. Il rifiuto di partecipare al lutto altrui è generale, solo un pietoso sadismo partenopeo partecipa a tutti i funerali, con volto dolente. I codici sentimentali sono scomparsi, non si sa più come parlare delle grandi cose. Stando fra i religiosi mi vengono in mente, e chiedo scusa, il partito sovietico, le sue strutture parallele, un albergo, un ristorante, un ospizio, dovunque riservati a quelli della *ecclesia*.

Mi sono messo, dicevo, a frequentare religiosi e preti. L'antropomorfismo della loro religione è fuori discussione, sono tolemaici, il nostro pianeta è al centro dell'universo, l'esplorazione della luna è stata vissuta come un inutile tentativo di uscirne. Può apparire sui giornali la notizia che una palla infuocata grande trentamila o cinquantamila volte la terra è stata scoperta in un angolo remoto di qualche galassia e restano indifferenti, l'universo e i suoi misteri appartengono al Padreterno che è già troppo occupato dagli esseri fatti a sua immagine e somiglianza, dai suoi popoli eletti, dai suoi cherubini traditori precipitati dal cielo nelle bolge infernali, per occuparsi delle palle infuocate che creò in un giorno di divina sovrabbondanza. Ho conosciuto il cardinal Martini, uno così tranquillamente di fede che sembra un laico, il clero alto della curia, teologi musicisti che suonano il violino fino a tarda notte e si dimenticano della lezione in seminario, il prefetto dell'Ambrosiana, grande biblista, i dirigenti della Caritas che hanno tenuto in piedi in questi anni una civiltà milanese dell'accoglienza, i parroci pagati ad anime, in giro dalla mattina alla sera, tutta gente, mi pare, che dà più di quanto riceva, eppure non piace allo schiaffeggiatore, un tale che si piazza fra il Duomo e l'arcivescovado e se gli capita a tiro un monsignore lo prende a schiaffi.

Ci sono preti poveri e preti ricchi che hanno a loro disposizione le ricchezze della chiesa, non spendibili ma frequentabili. Se viaggiano in Italia e all'estero trovano ospitalità sicura in conventi e abazie, se vanno in pensione non mancano *buen retiri* con servizio di pie suore. E ci sono anche gli altri, amanti della povertà, o con inclinazioni violente o magiche. I gesuiti li trovi dovunque, nei palazzi curiali e nelle fortezze della carità in periferia. Uomini colti, determinati ma con improvvise innocenze. Un padre si commuove alla vista delle prostitute. Ne porta una nella comunità, la rifocilla, le dà un sofà per riposare. Dopo due ore quella si alza, va dal padre e dice: «Ho già perso cinquantamila lire». Il padre dice ai fratelli: «Vediamo di trovarle le cinquantamila lire». Mentre esce i fratelli lo guardano senza parlare: la carità è grande, ma la macchina dei soldi non ce l'hanno. Poi c'è il cane addolorato di don Luigi, il fondatore di una comunità che soccorre drogati e ammalati di AIDS. È il cane lupo Fiodor che, vivendo nella comunità, è diventato mansueto e caritatevole. Entrano gli stracciati, puzzolenti, piagati, inguaribili rappresentanti dell'umanità peccatrice e Fiodor li annusa senza latrare, li accompagna fraterno da don

Luigi. È un cane pio, quando don Luigi attacca un salmo nella messa cantata si unisce a lui con dei bramiti. Ma l'altra mattina fra drogati e ammalati di AIDS, seguendo l'odore della minestra, è entrato nella comunità un cane randagio, un macilento cane da pagliaio: alla sua vista il pelo di Fiodor si è alzato, dalla sua gola è uscito un latrato furioso, si è cacciato all'inseguimento del cane macilento che terrorizzato ha attraversato la strada finendo sotto le ruote di un'automobile. Fiodor è rimasto impietrito: non più cane virtuoso ma assassino. È rientrato mogio nella comunità e si è accucciato fra i piedi di don Luigi, chiedendo perdono.

Il prete magico, don Milingo, è stato da poco interdetto dal cardinale. Milingo è di una famiglia di stregoni del Kenia, le sue messe assomigliavano troppo alle celebrazioni pagane, chiamato a Roma gli è stata affidata una congregazione inesistente e, siccome si annoiava, ha incominciato a girare l'Italia come guaritore ed esorcista. Da un anno celebrava nell'hinterland milanese degli esorcismi di massa. Arrivavano gli indemoniati in pullman dalla Svizzera, dall'Austria, dalla Germania, dalla Francia, Milingo rivolto all'altare pregava in silenzio, poi si alzava, si volgeva verso i fedeli perseguitati dal demonio, muoveva le anche e le spalle in un appena accennato ritmo africano e improvvisamente gridava: «Io lo sento, lo sento, fra voi c'è un ammalato». In quella calca di poveracci isterici e malandati passa un gemito che diventa tuono e uno grida: «Sono io, sono io». «Vieni fratello,» dice Milingo «vieni che ti guarisco.» Gli interpreti arrivati con i pullman traducono e la calca s'infiamma, si torce. Finisce che il cardinale chiama Milingo e gli dice: «No, Milingo, tu non puoi fare queste cose nella mia diocesi». «Ma me l'ha detto il Signore» dice Milingo. «A me il Signore non ha detto niente» dice il cardinale. Milingo china il capo, ora gira per il resto d'Italia, ogni tanto sui giornali si legge che ha guarito degli indemoniati a Chioggia o a Sanremo.

Nella segreteria del cardinale ci sono centinaia di pratiche su quelli che parlano con Gesù, con la Madonna e più raramente con il Padreterno. Se il cardinale non risponde, gli scrivono con rabbia e violenza. Il segretario dice: «Eminenza, ce n'è uno qua che dice che se non lo riceve lei andrà all'inferno». «Pazienza,» ribatte il cardinale «forse me lo merito.» È un uomo gentile Martini, pronto ad ascoltare. Gli dicono che sono arrivati a Milano due inglesi, gli sembrano degni di attenzione, legge la loro dichiarazione in cui si proclamano gli unici testimoni viventi dell'apocalisse. Poi si fanno così insistenti e aggressivi che deve prenderne le distanze. Gli scrivono una lettera di fuoco accusandolo di negare la loro fede. Risponde, questa volta seccato: «E voi dovete riconoscermi il diritto di non credere nella vostra credenza». Un cardinale che crede ma che non rifiuta la ragione.

I preti strani, balordi e violenti non mancano di simpatia. Mi è simpatico don Fucile. Nel suo paese nel Sud milanese lo chiamano così, perché quando gli prende la voglia di ordine esorta i parrocchiani a sparare contro i ladri. Il cardinale ha dovuto occuparsi di lui per via di una protesta degli handicappati. Don Fucile non li sopporta. «Vengono alla comunione e con quella bocca che va di qua e di là non so come dargli l'ostia. E poi che figura facciamo» ha detto dal pulpito «con un ministro handicappato che non si capisce quello che dice? E va sempre in televisione, fa dei gestacci, cosa pensano di noi gli stranieri? Qui in paese sono un disastro, gli hanno assegnato tutti i posteggi, non sai più dove lasciare la macchina. Ognuno si porti la sua croce. E poi che bisogno hanno di guidare l'automobile? Come se io volessi scalare il Cervino e obbligare gli altri a portarmi su!»

Don Fucile ha sorpreso un ladruncolo in canonica, non gli ha sparato, ma lo ha denunciato. Poi è andato a trovarlo in prigione, si è impietosito e si è rivolto al pretore per chiedergli di mandarlo a casa. «Ma, reverendo,» ha detto il pretore «è lei che lo ha denunciato e gli ha fatto dare sei mesi. Comunque ci sarà un indulto e uscirà presto.» Infatti è uscito e si è presentato alla porta di don Fucile con un fucile in mano. Don Fucile ha sbarrato la porta e ha telefonato alla polizia. Mai impietosirsi con questi malviventi.

Ma ogni religione ha i suoi tipi strambi e i suoi problemi. Uno dei grandi cuochi della Langa mi racconta che i rabbini di Gerusalemme hanno deciso di festeggiare una loro millenaria ricorrenza con un gran pranzo alla Babette, preparato dai migliori cappelli bianchi d'Italia e di Francia. Tutto secondo il rituale *kasher* con i vini fatti a La Morra da vignaioli ebrei, che rispettano il sabato, senza la minima manipolazione chimica, le carni separate dal latte e dalle salse cremose. Poi è venuto fuori il problema dei tartufi, dei trenta chili di tartufi dell'Astigiano e delle Langhe previsti dal menù. E se per cercarli fossero stati usati degli impuri suini? Un rabbino torinese è stato incaricato di fare un'inchiesta e, dopo un'accurata ispezione, ha risposto che sulle colline piemontesi si impiegano solo cani. La faccenda mi ha incuriosito, ho chiesto a uno studioso ebreo di Asti come sia questo vino *kasher*, e mi ha detto: «Se è un'annata buona può essere un buon vino, se è cattiva senza le correzioni chimiche diventa subito aceto e lo versi nel lavandino». «Ma che senso hanno tutti questi divieti e precetti alimentari?» «La nostra storia» ha detto «non sarebbe stata così lunga se non avessimo colto tutte le occasioni, anche quella del cibo, per dimostrare a noi stessi e agli altri di essere un popolo unico.»

C'è, direi, un inconveniente, che spesso le unicità degli ebrei della diaspora non coincidono. La comunità ebraica di Milano oggi è egemonizzata da ebrei giunti da pochi anni dalla Persia dove vivevano da secoli in una città sacra ai musulmani in cui non avrebbero potuto abitare dei non musulmani. Così, per antico accordo con i musulmani, si vestivano da musulmani, parlavano come i musulmani, ma il sabato affidavano la bottega a garzoni musulmani e si ritiravano in casa a celebrare il santo riposo. Le forme erano salve e, sotto vesti musulmane, l'ortodossia ebraica si conservava intatta nei secoli. A Milano questa ortodossia ha creato non pochi problemi. Nelle loro case piene di tappeti e cuscini trapunti d'argento non entra un ebreo che abbia sposato una non ebrea e neppure un cibo che non sia *kasher.* C'è chi questi persiani li riconosce perché sono travestiti da europei.

La svolta

Frequento gli italiani delle arti e delle professioni, la borghesia medio-alta che è sempre stata egemone nella nazione, anche se in camicia nera o rossa. E la trovo molto cambiata negli ultimi cinque anni, come se il rullo compressore dell'apparato consumistico pubblicitario avesse avuto una forte accelerazione. Nell'arco di cinque anni questa borghesia ha perso il gusto della conversazione, l'ha sostituita con lo scambio dei luoghi comuni pubblicitari. Sembra che non abbia più il bisogno di discutere e di capire, le bastano gli status symbol, le loro certezze sul modo di vestire, di mangiare, di bere, di fare l'amore, di rifarsi la faccia. In alto e in basso gli uomini si sono sempre nutriti di luoghi comuni, ma ora sono dominanti ed esclusivi.

È come se in questi ultimi anni ci fossimo trovati su un piano inclinato che dolcemente, inarrestabilmente ha cambiato la nostra maniera di vivere, ha segnato la svolta rispetto ai cinquemila anni precedenti. In quell'ante il rapporto sociale era onnipresente, definiva le classi, le istituzioni, il potere. Ora si ha l'impressione che il sociale e le sue distinzioni siano come sommersi dall'ambiguità massificata del consumismo pubblicitario, a cui gli uomini guardano senza più guardarsi fra loro. Una società al tempo stesso omologata e segmentata, dove ognuno si occupa del suo lavoro, della sua casa, dei suoi fine settimana, ignorando la città in cui vive. Chiedersi se questo nuovo che avanza come un rullo compressore sia meglio o peggio del vecchio è un esercizio vano: la svolta è incontenibile, anche se spesso ce ne accorgiamo a cose fatte. Sottoposti a una quantità incredibile di notizie incoerenti, abbiamo l'impressione di essere le cavie del mutamento, ora gradevole ora feroce. Dobbiamo assorbire, senza un sol giorno di pausa, dosi massicce di musica, pittura, droghe, bevande, spettacoli, spostamenti bruschi, cambiamenti di altitudine e di temperatura, saliscendi economici e finanziari per cui viviamo in uno stato perenne di nevrosi. Più ricchi e comodi che nei cinquemila anni precedenti, ma più ansiosi.

Tutti crediamo di sapere come funziona la macchina consumistica pubblicitaria: grandi audience, grandi supermarket, grandi imbonimenti. Ma facciamo molta fatica a capire che i nostri sforzi creativi a volte si rivolgono contro di noi. Inventiamo il libro oggetto e poi scopriamo che ha ucciso le buone redazioni. E che la critica è scomparsa perché si occupava dei libri di qualità, che di solito vendono poco, e disdegnava quelli mediocri che di solito vendono molto. Per evitare ogni rischio di mercato, non ci sono più neanche le comuni recensioni, perché è inconcepibile nell'editoria di consumo dire che un libro è brutto. Se ne trovano ancora sulle pagine domenicali del «Sole 24 Ore», una lodevole forma di snobismo, la critica superstite nel giornale della Confindustria. Si sa che la critica letteraria non era semplicemente un esame dei buoni e dei mediocri, ma il colloquio, il rapporto fra scrittori e lettori. Oggi chi scrive ignora chi sono le persone che lo leggono. Forse è per questo che i lettori di qualità hanno smesso di rivolgersi ai giornalisti e agli scrittori, nel nuovo non esiste più la famiglia intellettuale di chi scrive e di chi legge. Le lettere che ricevo sono in gran parte dei lettori del «Venerdì» della «Repubblica», un supplemento che aumenta la tiratura di trecentomila copie, lettere di persone che spesso non hanno mai letto un libro.

La televisione sta creando lo sport-spettacolo, lo sport-affare, presto ognuno di noi potrà ricevere in casa lo sport che vuole, solo a cose fatte ci accorgeremo che lo sport senza rapporto diretto con il pubblico è una cosa morta. Ci sorprendiamo di fronte all'effimero dei consumi come se non fosse chiaro che i prodotti non sono durevoli, perché nulla, o quasi, è prodotto per durare. Alla durata dei valori abbiamo sostituito la continua mutazione dei valori di mercato. Siamo bravissimi a tirar su in un giorno cupole di plastica, ma se brucia La Fenice non troviamo più gli artigiani per ricostruirla. Si può vivere senza La Fenice? Certamente sì, basta abituarsi a vivere nel brutto e rassegnarsi alla scomparsa del bello. Sarà un po' dura per l'Europa e per la sua accumulazione millenaria di arte e di cultura, ma il resto del mondo non se ne farà un problema. La Regione Sicilia aveva il denaro per il restauro della chiesa barocca di Noto, ma lo ha speso in pubblicità turistica e festival canori.

Frequentando la borghesia del nuovo mondo mi sono chiesto: ma per chi li facciamo i giornali? Che cosa legge di un giornale un borghese medio? Dicono che i vecchi abbiano paura del mutamento perché non hanno più le forze per affrontarlo. Sarà anche vero, ma i vecchi hanno il diritto di testimoniare sul mutamento. Sto nel mestiere del giornalista da cinquant'anni, dovrei conoscerlo in tutti i suoi ingranaggi, cogliere tutti i suoi cambiamenti, ma la corsa si è fatta talmente veloce che anche uno che ci sta dentro stenta a capire. Nello spazio di due anni i grandi quotidiani hanno prodotto decine di supplementi. Tutti, a prima vista, fanno un'impressione strana, li sfogli e ti chiedi: ma questo dove l'ho già visto? Ma sì, nella sala d'aspetto di un dentista. Una forma giornale senza data che potrebbe essere uscito il giorno stesso o un anno prima. A un esame più attento si capisce che l'impressione del già visto deriva dal fatto che il giornale scritto tende a fondersi con la pubblicità che lo circonda e lo comprende nei glaciali lucenti colori delle persuasioni più o meno occulte. E questi colori artificiali e immagini si sovrappongono o mescolano al reale, si imprimono nella retina e nel cervello, sicché capita, andando per strada o negli uffici o in auto, di vedere più il mondo che non c'è che quello che c'è. I giornali che tenevano separata la pubblicità dalla pagina scritta, titoli e caratteri volutamente diversi, sono quasi scomparsi. Ora è la pubblicità a dominare l'impaginazione e la grafica, il titolo di un servizio sta in cieli azzurrini, fra code di comete gialle o rosse, virgolette graziose. Per la ragione che oggi i grafici lavorano sempre di più per la pubblicità e si sono adeguati ai suoi gusti... Sì, anche un esperto ci mette un po' di tempo a capire che la mutazione non è casuale, che c'è un preciso interesse pubblicitario a far sì che la parte scritta non denunci, con la sua diversità, con la sua sobrietà, la panna montata pubblicitaria, il siamo tutti eguali, tutti giovani, tutti belli, tutti sani della pubblicità. E poi che la parte scritta non riduca lo spazio del mercato consumistico con la vecchia ubbia della linea politica, o anche semplicemente culturale; il supermarket è d'obbligo. Per questo nuovo mondo è stata inventata una parola di grande uso: «virtuale». Cioè un mondo che non c'è, ma è come se ci fosse, al punto che c'è veramente. In esso tutti i prodotti devono essere impaccati allo stesso modo vistoso, più accattivante del contenuto, e tutte le merci sono buone e indiscutibili come continua a dire il vecchio Mike Bongiorno condannato a vita ai lavori forzati pubblicitari, che a vederlo lì, nonostante la fama e la ricchezza, fra dentifrici e deodoranti, uno si dice: ma allora era proprio nato così, allora gli è sempre piaciuto veramente. Un plagio che senza infingimenti dichiara di rivolgersi all'inconscio, una circonvenzione di incapaci accettata dalla massa, dal popolo sovrano, quindi democratica. Ma se la parte scritta non deve recare disturbo, se deve entrare anch'essa nella notte dove tutti i gatti invece di essere bigi sono colorati e rilucenti, allora si torna all'enciclopedia per ragazzi, servizi innocui sull'uomo del Kalahari, sugli orang-utan del monte Kenia, sulla fossa delle Marianne, sugli svaghi e hobby internazionalizzati, fitness, jogging, trekking, skating, sporting, un po' di zapping, un po' di shopping, intervallati con la mucca pazza e con l'orgasmo prolungato, con metà dei lettori che tengono il supplemento e buttano via il giornale e metà che tengono il giornale e cestinano il supplemento. Che altro è Internet per la maggioranza dei suoi fruitori se non un'enciclopedia per ragazzi invecchiati? Il modo di apprendere, di informare non tende forse al modo desiderato dagli adolescenti, senza sforzo, passando da una favola a un miraggio? Sì, certo, anche Stendhal ha detto che di cose di cui valga la pena di scrivere seriamente ce ne sono poche, ma di quelle bisogna saper scrivere con lunga fatica, con lunga applicazione. Il giornale supermarket e preconfezionato: cinque opinionisti di sinistra e cinque di destra, incastonati in bomboniere grafiche, rosa, azzurre; giovani donne formose che passano dal vero-falso della pubblicità al vero-falso della loro intimità casalinga, sempre le stesse rotondità, le stesse curve che partono da uno spot pubblicitario per approdare su un giornale pubblicitario.

Dev'esserci un posto, in qualche parte del mare Mediterraneo, in cui le correnti dei luoghi comuni pubblicitari consumistici s'incontrano e decidono quale sarà il personaggio femminile erotico predominante. E all'unisono tutte le radio, le televisioni e, nella loro scia, fotografi e giornalisti lo ripeteranno fino all'ossessione, senza chiedersi quali opere, talenti o scandali ci siano dietro quel viso, dietro quei seni. Una riscoperta di massa interclassista, intergenerazionale del seno femminile, un regresso di massa alla puerizia. Come quando nei laghi di Mantova sbocciano tutti assieme i fiori di loto, così su tutti i giornali maturano al primo sole dei frutti a forma di coppa, che invece del gambo hanno un picciolo chiamato capezzolo e che presso gli umani hanno una fortuna immensa, melanzane imbiondite dal sole, rigonfiamenti, perine, bigonci, oggetti dell'universale desiderio, e tutto il resto, glutei e gambe che per una misteriosa ragione da taluni chiamata «libido» continuano a esercitare una fascinazione irresistibile sugli uomini, che pure dovrebbero conoscerle da quando nascono, dato che sono usciti da lì, che hanno succhiato quelle.

Congedo

Per mezzo secolo, dopo la grande follia dell'Europa totalitaria dei dittatori mostri, abbiamo imposto alla storia una razionalità democratica: tutto ciò che accadeva era la conseguenza matematica della lotta di classe, delle strutture e delle sovrastrutture, del capitalismo e dell'economicismo. La follia dentro la storia era esclusa, il ruolo spesso delirante e megalomane delle grandi personalità del pari. Un pensatore come Karl Popper appariva stravagante se diceva: «Se cessassimo di romperci la testa sulle giustificazioni della storia forse potrebbe persino accadere che riusciremmo a mettere sotto controllo il potere». Poi l'irrazionale si è ripresentato in modo prepotente con tutti i sovversivismi senza senso che hanno portato quasi a uno stato di fibrillazione il nostro paese: Brigate rosse, localismo secessionista, rifondazione del comunismo. Vicende come quella delle Brigate rosse sono sfuggite per anni non solo al controllo politico, ma anche al calcolo delle probabilità, chi avesse messo in un cervellone informatico tutti gli ingredienti del fenomeno avrebbe avuto per risposta lo zero, o per restare nel linguaggio dei robot: non esiste. E, invece, esisteva, insanguinava il paese, lo bloccava nella difesa di uno stato ormai decomposto. Ora siamo alle prese con il localismo della Lega e con le nostalgie di Rifondazione comunista, e di fronte all'amara conferma che idee politiche concepite da pensatori mediocri o fanatici possono avere sugli uomini influenze rivoluzionarie e catastrofiche. La fede illuminista nella ragione, la convinzione che la componente fondamentale della natura umana sia la ragione, che la verità si imponga, che i buoni maestri siano più ascoltati dei cattivi sono di nuovo fortemente in crisi. Il viaggiatore spaesato sa che questo è il corso alterno della vita associata. Nulla di sostanzialmente nuovo, ma tutto moltiplicato, esteriorizzato, consentito. Il sistema pubblicitario consumistico considera tutti come clienti potenziali, finge che tutti, in quanto tali, siano di pari dignità e cultura. Nel giorno in cui si forma un governo i direttori di telegiornali ordinano ai loro reporter di chiedere il parere del cittadino-cliente che non sa cosa rispondere o che balbetta qualche luogo comune. Non è una vera intervista, una vera richiesta di giudizio, ma un rito della comunione telematica, ripetuto ogni giorno migliaia di volte. La lotteria, la casuale opportunità di apparire, di uscire per qualche minuto dal volgo che nome non ha domina i programmi. «Come ti chiami? Da dove parli?» è la formula magica che fa per qualche minuto di uno qualunque il centro del mondo mediatico. Dicono: se non ti piace spegni il televisore. Sì, questa è la facoltà che ci viene più facilmente accordata, di spegnere un vuoto per restare nel vuoto. O anche di avere strumenti sempre più raffinati per trasmettere idee che non abbiamo e ricevere quelle che gli altri non hanno. Comunque «basta che ci sia la salute». Qui il viaggiatore spaesato si ferma. Ma riprenderà a camminare. Fin che si può.

«Il viaggiatore spaesato»
di Giorgio Bocca
Collezione I libri di Giorgio Bocca

Arnoldo Mondadori Editore S.p.A.

Questo volume è stato impresso
nel mese di settembre dell'anno 1996
presso lo stabilimento Nuova Stampa di Mondadori - Cles (TN)

Stampato in Italia - Printed in Italy